que
on
an
or
—

About the Author

Garry Bannister (1953–) travelled to Russia at the end of the 1970s where he established the first department of Modern Irish at Moscow State University. He has devoted many years to studying the writings of Tomás Ó Criomhthain, the literary works of Pádraic Ó Conaire and to the development of modern Irish literature in the first half of the twentieth century. Amongst his many publications, he has to his name a number of popular dictionaries. His widely acclaimed *Teasáras Gearr na Gaeilge* is now in its third edition and his very popular *Foclóir Foghlaimeora* has gone into its second edition.

Kiss My …
A Dictionary Of
English-Irish Slang

KISS MY …
A DICTIONARY OF
ENGLISH-IRISH SLANG

GARRY BANNISTER

NEW ISLAND

KISS MY ... A DICTIONARY OF ENGLISH-IRISH SLANG
First published 1999 by For Sai Publications
This edition published 2016
by New Island Books
16 Priory Office Park
Stilorgan
Co. Dublin

www.newisland.ie

Copyright © Garry Bannister 2008, 2016

Foreword copyright © Alan Titley, 2008, 2016

The author has asserted his moral rights.
Print ISBN: 978-1-84840-521-9
Epub ISBN: 978-1-84840-522-6
Mobi ISBN: 978-1-84840-523-3

British Library Cataloguing Data. A CIP catalogue record for this book is available from the British Library.

Cover design by Mariel Deegan
Typeset by JVR Creative India
Printed by ScandBook AB, Sweden

10 9 8 7 6 5 4 3 2 1

Contents

Foreword

There is a long history of Irish dictionaries trying to capture the essential features of our native language. People travelling on the road from Dublin to Cork, or the other way around, used to spy the Rock of Cashel standing majestically on its own overlooking the boring flat fields of Tipperary. It is, and was, a tourist attraction where buses stop on their way to the next restaurant. Mutters are made about the Kings of Munster and other romantic guff, but it is probably never explained that it was in this high rock that the first dictionary of Irish was compiled over a thousand years ago under the tutelage of Cormac Ó Cuileannáin, certainly King of Munster. In it he tries to explain the difficult and new words that an ordinary Irish speaker might not be familiar with, as the main purpose of dictionaries was to deal with the unusual rather than the common. Thus we have a technical term like *maighnéad*, or English 'magnet', which less intelligent people aver is a 'made-up' recent word; although it is in Irish for well over a thousand years.

But the history of dictionaries is that they involve both 'made-up' words and words that have come into common usage. Every dictionary is a resource and an invention; a catalogue and a composition. Every dictionary wrestles with the past, the present and the future of a language. So while Patrick S. Dinneen's great dictionary of Irish (1904, 1927) is a thesaurus of the living language, and Tomás de Bhaldraithe's English– Irish standard work of 1959 attempts to introduce correct terminology for common words current in English, there is always the danger that big authoritative dictionaries will fall behind the current state of spoken or used language. Irish is no different. Irish in the Gaeltacht is changing rapidly, and a new, vibrant Irish has grown up among learners and common users. Most of Irish is in the shadow of English, and the best of speakers have English idioms ringing in their ears.

This work is a wonderful attempt to try to bridge the gap between what common demotic English says and what common demotic Irish says, should say, might say, can say or will say. Because this dictionary is both descriptive and inventive. Garry Bannister has a sharp ear that makes you wonder where he spends most of his time. There is English here that is contemporary and cutting, and he does not shirk away from some of the more risqué, bawdy or crude street and back-lane turns of phrase which many people will find more expressive in Irish. There are words and phrases here that you will not find in a conventional dictionary: 'nerdy', 'into' (as in 'into jazz' etc.), 'well-hung', 'smashed', 'cobblers', 'muggins', 'bullshit', 'poxy', 'turn-on', 'effing and blinding', 'snog', 'bad egg', 'freak out', 'puff', 'drop-dead gorgeous', 'slime- ball'...This is slang: language with its sleeves rolled up and mucking about in the mire. The examples given are culled from contemporary spoken Irish, from literature, from listening to colleagues, and are leavened with invention, creativity and fun. A good dictionary is not just something you look up, or poke about in; it is something you read for pleasure. This is one of those.

Alan Titley

Preface

In the spring of 1999, having finished this small and modest dictionary, I approached practically every publisher I could think of. All to no avail. At each attempt I merely received a Dear-John letter. However, some at least had the honesty to admit that they were afraid to publish for fear of losing a government grant or generally offending the Gaelic readership. I was, quite honestly, gobsmacked to discover that even now, at the beginning of the twenty-first century, there could still be so solid an opposition to such a small lexicographic publication. The persistent refusal to publish meant only one thing – this book had to be published. So here it is at long last, for the first time brought into the full light of day.

There is no such thing as *bad language*; language may be offensive or displeasing to the listener, but this has nothing to do with preserving or examining it. Slang is *raw speech* and it comes from the essence of what makes us who we are. Whether some activity or expression of any particular activity is either acceptable or not is simply relative to the social mores of each and every era. A TV series like *Father Ted* would have been simply unthinkable in the 1930s and Oscar Wilde would not have been criminalised had he been born in 1954 instead of a hundred years earlier. Shifting attitudes are reflected within the language itself and these changes, in turn, are often colourfully manifested in idiom, common parlance and slang.

Let me give a couple of examples. The word 'spondulicks' comes from the Gaelic **sponc** *(sperm)* and **diúlach** *(guy, bloke)*; hence in Gaelic slang we have the word **spondúlaigh** which means *money.* Maybe because a bloke has to *'spill his guts'* to get it?

Another expression: **Téimis faoi uisce an cheatha!** *(Let's go under the shower!)* comes from an old tale of three wise druids who, on hearing that a rain was about to fall upon Ireland which would make anyone it touched go insane, tried to warn everyone, but no one would listen. The druids, however, went and hid in a cave. When the rain eventually did come, and everyone had gone mad, the three wise druids realised that afterwards, when the rain stopped, all the mad people of Ireland would consider that they, 'the sane druids' were, in fact, the real mad people. So they said to each other: 'Téimis faoi uisce an cheatha!' *'Let's go out under the shower!',* i.e. Let's do *(the foolish thing)* like everyone else!

We cannot deny the roots of our language. If we deny the existence of our slang then we deny who we are and what we are.

Therefore this little book hopes to provide you with some Gaelic equivalents of the most commonly used English slang and idiom. Part of the Gaelic slang which has been represented in this dictionary dates back to the Irish spoken at the beginning of the twentieth century, or even earlier, such as: **Tá seacht sraith ar an iomaire agam.** *(I'm up to my ears in work.);* **Scaoilfead cnaipe.** *(I'll go and spend a penny.)* Other expressions have been taken from a more modern era, such as: **Tá sin go haerach!** *(That's gay!)* or **An bhfuil tú ag íoc le plaisteach?** *(Are you paying with plastic?)*.

In addition, you will find idioms like: **Thug sé póg Fhrancach di.** *(He French-kissed her.)* which also have much older equivalents in Gaelic, such as: **Thug sé fáiméad le lán a theanga di.** (literally: *He gave her a smacker of a kiss with the full of his tongue.*). Where possible, both expressions have been listed in this dictionary.

Words that have been directly stolen from English such as: *friggen, fochain,* etc., have, generally, not been included in this dictionary, because all of these words have more original forms which have been derived from actual Gaelic roots. Words and expressions which have been primarily found, or are being mainly used, in urban areas or in Dublin, have been given the tag *(BÁC)*:

(BÁC) **Cloisim go gcodlaíonn sí timpeall.**
I hear that she sleeps around.

I would like to thank all those who have helped in the collection of the material and in the compilation of the work, but who wish to remain anonymous. Also, from Dún Chaoin: Mícheál and Máire, Peigín from Árainn; and Seán, Bríd and Billy from Dún na nGall. I would particularly like to thank those who have helped with the proofreading, especially Brian and Colm. There have been many others whom I have not mentioned but who have also significantly contributed in providing both assistance and encouragement during the long research and publication of this book. Many thanks to you all!

Garry Bannister

Brollach

San Earrach 1999, agus mise ag críochnú an fhoclóra bhig seo, chuaigh mé láithreach i dteagmháil le gach foilsitheoir a bhí ar m' aithne agam. Ach obair in aisce a bhí ann. Ní bhfuair mé uathu go léir ach diúltú lách á rá nach bhféadfaidís cabhrú liom an babhta seo. Chun an fhírinne a dhéanamh is fíor gur mhínigh cuid acu go macánta go mbeadh eagla orthu go gcaillfidís deontas rialtais nó go gcuirfidís fearg nó masla ar lucht léite na Gaeilge i gcoitinne. Ní mór dom a admháil, áfach, gur bheag nár baineadh as mo sheasamh mé ar chloisteáil dom na leithscéalta seo agus nár chreid mé faoin am sin go bhféadfaí go fóill, san aonú haois fichead, cur in aghaidh foilseachán foclóireachta den saghas seo bheith chomh righin sin. Ach ba é an diúltú buan a faoi deara an foilseachán seo sa deireadh thiar thall. Mar sin, seo chugaibh anois é – an rud a bhí faoi cheilt - tá sé tugtha amach i lár an lae ghil agus más mall is mithid é!

Drochchaint – níl a leithéid ann! Is féidir le teanga bheith maslach nó náireach don té a éisteann léi ach níl ansin ach frithchaitheamh ar an duine agus an aois lena mbaineann an duine sin, ní ar an teanga féin. Níl san fhoclóir seo ach *caint lom* na ndaoine agus mar sin is í eisint na teanga í ina múnlaítear an duine go díreach mar atá i ndáiríre. Ní dhéanann teanga ar bith ach cur síos ar ghníomhartha, eachtraí, thuairimí agus mhothúcháin an duine. Is é meon na haoise ina maireann an cainteoir a cháilíonn agus a thugann a lipéad moráltachta féin don teanga sin. Ní fhéadfaí fiú sraith teilifíse mar *Father Ted* a shamhlú sna tríochaidí agus dá mbéarfaí Oscar Wilde i 1954 agus ní céad bliain roimhe sin, is cinnte nach gcuirfí an dlí coiriúil air mar a rinneadh dó san naoú haois déag. Feictear na hathruithe a tharlaíonn sa saol laistigh den teanga féin mar a labhraítear í agus de réir a chéile breathnaítear na hathruithe céanna go breá álainn cumasach in úsáid laethúil ghnáthchaint na ndaoine. Ní féidir linn fréamhacha saibhre ár n-urlabhra a shéanadh. As na fréamhacha a bhfásann an litríocht is fearr atá againn. Má dhiúltaímid don teanga bheo tugaimid leis sin diúltú dúinn féin agus dá bhfuil ionainn mar dhaoine.

Tugaim, mar sin, cúpla eiseamláir de na fréamhacha stairiúla seo sa Ghaeilge as a n-eascraíonn an teanga shaibhir bheo. An focal ' spondulicks' sa Bhéarla, mar shampla, a thagann ó na haonaid fhoclóra sa Ghaeilge: **sponc** *(síol fir)* agus **diúlach** *(buachaill, leaid)*. Is as comhghreamú na bhfocal sin a dtagann: **spondúlaigh** a chiallaíonn *airgead* i gcaint reatha na ndaoine inniu. B' fhéidir mar go mbíonn ar fhear *obair go crua* chun aon cheann den dá rud sin a sholáthar.

Abairt eile: **Téimis faoi uisce an cheatha!** *(Lig dúinn dul faoi uisce na báistí!)* a thagann ó sheanscéal béaloidis de thriúr draoithe a chuala go mbeadh sé ag cur fearthainne draíochta ar fud na hÉireann agus aon duine ar a dtitfeadh an fhearthainn sin, d'éireodh sé ina ghealt. Faraor, is amhlaidh nár chreid aon duine eile iad. Mar sin féin, téann na daoithe gaoiseacha i bhfolach i bpluais mar dhídean ón bháisteach ach nuair a thagann an fhearthainne agus nuair a thuigeann siad go bhfuil gach duine eile ach iad féin ag dul as a meabhair de dheasca na fearthainne céanna, tuigtear go soiléir dóibh go gceapfaidh lucht buile *(i. Muintir na hÉireann uile)* gurb iadsan, na draoithe atá ina ngealta tar éis na báistí, mar sin deir siad lena chéile: **'Téimis faoi uisce an cheatha!'** *'Lig dúinn dul amach faoin bháisteach!'* i. 'Déanaimis *(an rud amaideach)* mar chách!'

Bíonn a lán struchtúr agus foirmeacha cainte ann a mbíonn dlúthbhaint acu le caint nádúrtha na ndaoine, nathanna a bhíonn neadaithe go domhain i gcomhráiteachas na teanga mar a labhraítear agus a labhraítí í. *Téimis anois faoi uisce cheatha na míle nua seo* mar sin, gan eagla orainne roimh aon fhocal ar bith agus gan buile róchúisiúlachta na haoise seo caite.

Soláthraíonn an leabhar beag seo caint choitianta an Bhéarla laethúil lena macasamhla sa Ghaeilge. Eascraíonn cuid de na nathanna cainte ó thús na fichiú haoise agus uaireanta níos moiche ná sin, amhail: **Tá seacht sraith ar an iomaire agam** *(Táim an-ghnóthach ar fad.)*, **Scaoilfead cnaipe** *(Caithfidh mé dul go dtí an leithreas chun múnadh.)*, agus tugtar nathanna eile ó aimsir a bheadh pas beag níos giorra dár ré féin: **Tá sin go haerach!** *(Tá sin go náireach!)* nó: **An bhfuilir ag íoc le plaisteach?** *('bhfuil tú ag íoc le cárta?).*

Tugtar freisin leaganacha cainte cosúil le: **Thug sé póg Fhrancach di.** *(Phóg sé í lena theanga.)* a bhfuil a macasamhla dúchasacha féin acu sa Ghaeilge amhail: **Thug sé fáiméad le lán a theanga di.** *(go litriúil: Thug sé póg mhór lena theanga di.)* Aon áit ar féidir tugtar eiseamláirí den dá shaghas san fhoclóir seo.

Ní chuimsíonn stór an fhoclóra seo, focail mar *friggin', fochain,* srl. mar faightear a machasamhla cuí i bhfocail dhúchasacha na teanga féin. Tugtar an lipéad *(BÁC)* in aice le haon fhocal nó habairt a thagann ó limistéar Bhaile Átha Cliath nó a úsáidtear go príomha sna cathracha:

(BÁC) Cloisim go gcodlaíonn sí timpeall.
(I hear that she sleeps around.)

Ba mhaith liom mo bhuíochas a ghabháil lena lán daoine a chuidigh go mór liom i mbailiú an ábhair don leabhar seo ach a d' iarr ormsa gan a n-ainm a lua anseo. Táim anbhuíoch de mo chairde i nDún Chaoin; de Mhícheál, Mháire, and Pheigín; in Árainn, agus i nDún na nGall: de Sheán, Bhríd and Billy Óg. Ba mhaith liom buíochas faoi leith a ghabháil le lucht seiceála phrofaí an leabhair: le Brian and Colm go háirithe. Tá a lán daoine eile nár luaigh mé anseo ach daoine iad a thug ardchúnamh agus spreagadh domsa i gcur le chéile agus i bhfoilsiú an fhoclóra bhig seo. Mílte de mhaithe chugaibh go léir!

Gearóid Mac an Bhainisteora

A

A

Everything is A-OK.
Tá gach mar is cóir.

ado

without further ado
gan a thuilleadh moille

aghast

I was aghast.
Cuireadh alltacht orm.

agog

He was all agog.
Cuireadh ar fuaidreamh ar fad é.

all

I was working all out.
Bhí mé ag obair ar theann mo dhíchill.

She's one of the all-time greats.
Is bainne bhó na gcluas óir í.

all-rounder

She's a good all-rounder.
Bíonn lámh aici ar gach uile shórt.

altar-boy

He's no altar-boy.

Ní ó chomhluadar na naomh é.
Ní aingeal ar bith é.

ape 1

He'll go ape when he hears.
Imeoidh sé leis na craobhacha nuair a chloisfidh sé.

ape 2

He apes the English.
Déanann sé Seáinín Sasanach de féin.

apple

She's the apple of her father's eye.
Is í úillín óir a hathar í.

The Big Apple
An tÚll Mór

arse 1

He needs a good kick up the arse.
Cic maith sa tóin atá de dhíth air!

Kiss my arse!
Póg mo thóin!

He thinks the sun shines out of her arse.
Creideann sé gurb as a tóin a dtagann an ghrian.

1

ARSE

He doesn't know his arse from his elbow.
Níl tóin ná ceann tóna ar eolas aige faoi aon rud.

You have everything arse-ways!
Bíonn gach rud tóin tuathail amuigh agat!

arse 2

Stop arsing about!
Cuir uait an tóineacáil!

arsehole

He's a real arsehole!
Is cúl tóna ceart é!

arse-kisser

I hate arse-kissers.
Is fuath liom maidríní lathaí.

arse-licking
lí tóna

arty-farty

They're very arty-farty.
Is iad aos dána le boghanna bána dar leo féin.

ass

It's my ass that's on the line!
Is í mo thóin-se atá le gaoth anseo!

Move your ass!

AWAY

Bog do thóin!

I worked my ass off for you!
Rinne mé obair na gcapall duit!

ass-wipe

You're only an ass-wipe!
Níl ionat ach ceirt tóna!

at

This is where it's at.
Seo an áit ina mbíonn an saol ar fiuchadh.

attitude

She's a girl with attitude.
Is cailín le carachtar í.

He has a real attitude problem.
Bíonn fadhbanna móra carachtair aige.

au fait

Are you au fait with the situation?
An bhfuil tusa eolach ar chúrsaí an cháis?

away

He was well away after the fourth pint.
Bhí sé bealaithe go maith tar éis an cheathrú pionta.

She's well away the best in her class.
Níl éinne eile ina rang a choinneodh coinneal di.

B

babe
She's a real babe!
Is ainnir den scoth í!
baby-shower
(US) cóisir réamhbhreithe, cóisir chlann cheatha
We're having a baby-shower on Friday.
Beidh cóisir chlann cheatha againn Dé hAoine.
babble
What's she babbling on about?
Cad faoi a bhfuil sí ag bleadracht?
backhander breab
He gets backhanders.
Bítear ag cur airgid i gcúl doirn dó.
bad
He's bad news!

Ní drochscéal go dtí é!
badonkadonk (US)
mása meallacacha, bundún
What a beautiful badonkadonk she has!
Nach álainn an bundún beathaithe atá uirthi!
bad-mouth
You're always bad-mouthing him.
Bíonn tú de shíor á chur as a ainm!
bag
She's a real old bag!
Is seanchailleach cheart í!
ballistic
He went ballistic when he found out.
Chuaigh sé as a chrann cumhachta nuair a fuair sé amach.
She'll go ballistic when she hears.
Rachaidh sí thar bharr a céille nuair a chloisfidh sí.
ballpark
(US) in the ballpark of $1,000
faoi urchar cloiche de mhíle dollar

balls magairlí, na fir bheaga

He's has no balls!
Tá sé gan mhagairlí ar bith!

I wouldn't have the balls to do it.
Ní bheadh na fir bheaga ag an gheata agam lena dhéanamh.

You made a right balls of it.
Rinne tú magairlí cránach de.

It was a balls-up.
Rinneadh magairlí cránach de.

baloney

That's a load of baloney!
Níl sa mhéad sin ach breallántacht!

bananas

He went bananas.
Chuaigh sé ar mire báiní.

bang

bang on time
díreach in am

bang up-to-date technology
an focal deiridh sa teicneolaíocht

Bang goes the trip to London!
Slán leat, a thurais go Londain!

banger gliogramán

She has an old banger of a car.
Tá seanghiogramán de charr aici.

banjaxed

Everything is banjaxed.
Tá gach uile shórt in ainriocht.

banshee bean sí

barking

He's barking mad.
Tá sé chomh mear le míol Márta.

You're barking up the wrong tree.
Tá an diallait ar an gcapall contráilte agat!

barmy

It's a completely barmy idea!
Is seachmallach ar fad é mar smaoineamh!

bash

I'll have a bash.
Bainfidh mé triail as.

basket bastún

   He's a dirty basket!
   Is suarachán salach é!
   He's a basket-case!
   Tá sé réidh don
   ghealtlann.

bastard bastard

   **He's a fucking
   bastard!**
   Is bastard feisithe é!
   **You cunt-faced
   bastard!**
   A bhastaird
   bhreallghnúisigh!
   Lucky bastard!
   Bastard an áidh!
   **Some bastard of a
   teacher put me in
   detention.**
   Chuir bastard éigin
   de mhúinteoir sa
   choimeád mé.
   **That bastard of
   brother of yours that
   stole my bike!**
   An bastard is deartháir
   duit a ghoid an rothar
   orm!
   It's a bastard of a job!
   Is bastard é mar
   obair!

bastardly

   **It was a bastardly
   thing to do that!**
   Ba é an suarachas
   ba mheasa a leithéid de
   ruda dhéanamh!

bat

   silly old bat
   seanchailleach
   shaonta
   **He did it off his own
   bat.**
   Rinne sé ar a chonlán
   féin é!

battleaxe

   **She was a dreadful old
   battleaxe.**
   B'uafásach an
   bháirseach í.

batty

   He's simply batty.
   Níl splaid aige.
   **She's batty about
   him.**
   Tá sí splanctha ina
   dhiaidh.

bean

   I haven't a bean!
   Níl sciúrtóg (rua)
   agam!
   to spill the beans
   an scéal a sceitheadh

beat

   Beat it!
   Gread leat!

BEAUT

beaut

> **Your black eye's a
> real beaut!**
> Nach galánta an tsúil
> dhubh atá ort!
> **You're a real beaut!**
> M'anam nach deas an
> turcaí thú!

beauty

> **That's the beauty of it!**
> Sin an chuid is áille den
> scéal é!

Begorra! Ambaiste!

begrudgers

> **Feck the begrudgers!**
> Mallacht Dé ar lucht an
> doichill!

bejaypers!

> In ainm Mhic Dé!

bell

> **Give me a bell!**
> Tabhair glao
> (teileafóin) orm!

bellyache

> **He's always
> bellyaching.**
> Bíonn sé i gcónaí ag
> éagaoin mar bhean ag
> breith clainne!
> **Quit your
> bellyaching!**
> Cuir uait an t-ochlán síoraí!

BENT

bellyful

> **I have had a bellyful
> of it.**
> Tá mo sheacht
> ndóthain agam de!

belt

> **Belt up!**
> Cuir uait an
> phleidhcíocht!; Dún do
> ghob!
> **She was belting along
> at a fair old
> pace.**
> Bhí sí ag scinneadh chun
> cinn ar luas lasrach.

bend

> **He's round the bend.**
> Tá sé tógtha san inchinn.
> **She went round the
> bend.**
> D'imigh sí le gaoth na
> gcnoc.
> **He drove her round the
> bend.**
> D'ardaigh sé an intinn
> uirthi.

bender

> **to go on a bender**
> dul ar ragairne

bent *(homosexual)*

> cromtha

BERK

He's as bent as a corkscrew!
(homosexual) Tá sé chomh cromtha le cúlchos madaidh!

Get bent!
Tarraing tú féin!

berk

He's a right berk!
Is cloigneachán críochnaithe é!

bet

You bet!
Agus ná bí in amhras faoi!

She says she won't do it again. I bet!
Deir sí nach ndéanfaidh sí arís é. Agus creidim é sin!

Bible-thumping
bualachán-Bíobla

big

into gambling big time
i mbun cearrbhachais i slí mhór

It's no big deal!
Is beag mar scéal é!

Big deal! Nach cuma!

He likes talking big.
Is breá leis an focal mór.

bimbo

She's a real bimbo!

Níl inti ach óinseach bhaoth!

binge

He went on the binge.
Chuaigh sé ar an gcaor.

birds

(US) **This computer is for the birds**
Tá an ríomhaire seo réidh don reilig.

bit

He likes a bit on the side.
Ar uaire téann sé ar strae leis na mná.

bitch bitseach

Isn't she the fucking bitch!
Nach í an bhitseach fheisithe í!

His wife was a real bitch.
Bitseach cheart a bhí ina bhean.

Life is a bitch and then you die.
Saol salach is an bás ar a shála!

bitching ag bitseáil

Stop bitching!
Cuir uait an bhitseáil!

bitchy

It was a utterly bitchy thing to do!

Bitseach chríochnaithe a
dhéanfadh a leithéid!
**She can be very bitchy
when she wants to be.**
Is féidir léi bheith ina
bitseach cheart nuair
a bhuaileann an taom í.

biz
It's the biz!
Déanfaidh sin an gnó!

blab plobaireacht,
buimbiléireacht
**He blabbed the whole
thing.**
Sceith sé an scéal
go léir lena chuid
buimbiléireachta.

blab(ber) plobaire,
buimbiléir
**What are you blabb(er)
ing on about now?**
Cad faoi a bhfuil tú ag
plobaireacht anois?

blabbermouth béalastán
**You're a big
blabbermouth!**
Is béalastán mór thú!

black sheep coilíneach
**I was the black sheep of
the familly.**
Coilíneach na clainne a
bhí ionamsa.

blanks
He fires blanks
(to be sterile) Tá bod
balbh faoi.

Blarney blairnis
**He has the gift of the
Blarney!**
Tá bua na blairnise aige
siúd!
You kissed the Blarney!
Thug tusa póg do chloch
na Blarna!

blasted mallaithe
**This blasted pen won't
write!**
Ní scríobhann an peann
mallaithe seo!

blather
**He's always
blathering on!**
Bíonn sé de shíor ag
bladaireacht!

blazes
Go to blazes!
Téigh go hIfreann!
**What the blazes are
you up to?**
Céard sa tubaiste atá ar
siúl agat?

bleeder cuilceach
**He's a funny little
bleeder!**
Is ait an cuilceach é!

You lucky bleeder!
Nach ort atá an t- ádh!

bleedin' *(see: bleeding)*

bleeding
You bleeding idiot!
Nach tusa an
t-amadán damanta!
I don't bleeding care!
Is cuma sa diabhal liom!

blether *(see: blathar)*

blimey! Dar le fia!

blink as gléas
**The TV is on the
blink.**
Tá an teilfíseán as
gléas.

blinkin' *(see: blinking)*

blinking
**The blinking thing
won't work.**
Ní oibríonn an rud
mallaithe.

blither
**What are you blithering
on about?**
Cad faoi a bhfuil tusa ag
blaoiscéireacht anois?

bloke diúlach
Nice bloke!
Diúlach deas!

bloody fuilteach
He's a bloody tyrant!

Is tíoránach fuilteach é!
It's bloody hot.
Tá sé damanta te!
**Don't make a bloody
fool of yourself!**
Ná déan breallaire baoth
díot féin!
**It's no bloody use me
trying to fix it.**
Tá sé go fuilteach fuar
agamsa bheith ag iarraidh
é a chur ina cheart.
He's a bloody liar.
Is bréagadóir bascaithe é!

bloomin' *(see: blooming)*

blooming
**I've lost my blooming
book.**
Tá mo leabhar mallaithe
caillte agam.
He's blooming useless!
Ní fiú cnaipe gan chois é!

blotto gan cos faoi
**He was absolutely
blotto.**
Bhí sé gan cos ar bith
faoi.

blow
to blow a fuse pléascadh
It blew my mind.
Chuir sé mo chiall ar mo
mhuin dom.

BLOWER

to blow someone away
duine a shéideadh as an
phictiúr
**to blow the whistle on
him**
an scéal a sceitheadh air
**We could have won
but we blew it.**
D'fhéadfaimis bua a fháil
ach ligeamar
uainn é.

blower
to get on the blower
labhairt ar an ghuthán

blow-job
**to give a person a blow-
job**
bod duine a dhiúl
**She gave him a blow-
job.**
Dhiúl sí a bhod dó.

blues
**She got a fit of the
blues.**
Tháinig tallann ghruama
uirthi.

bluff
I called his bluff.
Thug mé air cur lena
chuid cainte.
You're only bluffing!
Níl tú ach ag cur
i gcéill.

BOLLOCKS

blurt
Someone blurted it out.
Spalp duine éigin
amach é.

Bob
**You just wave a magic
wand and Bob's your
uncle.** Croitheann tú slat
draíochta agus tá an beart
déanta agat.

bockety bacach
bockety old chair
seanchathaoir bhacach
bockety house
creatlach tí

bod boc *(plural: boic)*
He's a strange bod!
Is aisteach an mac é!

bog(s) teach an asail
bog-roll
páipéar tóna
**I have to go to the
bogs.**
Caithfidh mé dul go
dtí teach an asail.

bollock
He was bollock naked.
Bhí sé tóin-nochta
*(agus a bhod ar
luascadh faoi).*

bollocks magairlí, bosán
**He's a complete
bollocks!**

BOLLOCKS UP

Cochall de mhagairlí
asail é!

**It was a load of
bollocks!**

Carn mór cacamais a
bhí ann.

Bollocks to that!

B'fhearr liom coilleadh
na magairlí ná sin!

Bollocks to him!

Go gcoille na
magairlí air! Spocaí
trína mhargairlí!

bollocks up

**He bollocksed up the
whole show!**

Rinne sé magairlí
asail den seó iomlán.

bolshie

**He's getting very
bolshie with everyone
of late.**

Déanann sé
buannaíocht le cách
le déanaí.

bomb 1

**The party is going
like a bomb.**

Tá an chóisir ag dul
go bladhmannach.

bomb 2

**He was just bombing
along in the car.**

BOO-BOO

Bhí sé ag dul ar luas
mire sa charr.

bone

**I have a bone to pick
with you.**

Tá gréasán le réiteach
agam leat.

bone of contention

cnámh spairne

**He made no bones
about about it.**

Ní raibh drogall ar
bith air faoi.

**He won't make old
bones.**

Níl beatha fhada i
ndán dósan.

boner bod ina sheasamh

to have a boner

bheith go hadharcach

bonk buail craiceann

They were bonking.

Bhí siad ag bualadh
craicinn lena chéile.

bonking mad

ar dheargbhuile

bonkers

He's bonkers.

Tá boc mearaí air.,
Tá sliabhrán air.

boo-boo

to make a boo-boo

tuaiplis a dhéanamh

boob 1
　　to make a boob
　　botún a dhéanamh
boob 2 *(see: boobs)*
boobs balúin, cíocha,
　　juganna
　　She showed her
　　boobs to him.
　　Nocht sí a balúin dó.
　　woman with big
　　boobs balúnaí
boot
　　to give him the boot
　　an bóthar a thabhairt
　　dó
　　I got the boot.
　　Tugadh an bóthar
　　dom.
　　to boot them out
　　iad a chaitheamh
　　amach ar a gcluas
booze biotáille
　　He's on the booze
　　again.
　　Tá sé ar na cannaí arís.
　　night of boozing
　　oíche diúgaireachta
boozer 1 *(drinker)*
　　pótaire
boozer 2 *(pub)* síbín
　　He's down at the
　　boozer.
　　Tá sé thíos sa síbín.

booze-up diúgaireacht
　　on a booze-up
　　ag diúgaireacht
bottle
　　to hit the bottle
　　dul ar na cannaí
　　(courage) **Has he got the**
　　bottle?
　　An bhfuil an sponc
　　ann? *(BÁC)* An bhfuil
　　sé de bhuidéal ann é a
　　dhéanamh?
　　to show bottle
　　taispeáint go bhfuil na
　　margairlí ort
bottle out
　　He bottled out of
　　telling her the truth.
　　Ní raibh sé de sponc ann
　　an fhírinne a insint di.
bouncer preabaire
　　(dorais)
bowsie breoille
　　He's a bowsie and a
　　gurrier!
　　Is breoille agus búiste é!
boyo buachaill báire
　　He's a bit of a boyo!
　　Tá iarracht den
　　bhuachaill báire ann!
box
　　He gave me a box in the
　　ear.

BRAGGING

Thug sé dúdóg dom.

bragging

He's likes bragging to much!

Bíonn an iomarca den 'buailim sciath' ann.

brain

She has got brains.

Tá ceann maith ar a gualainn aici.

He has sex on the brain.

Ní bhíonn aon rudeile ina cheann ach an gnéas.

He's brain-dead.

Dúramán dóite é!

brass

Has he got the brass *(money)*?

An bhfuil na pingíní aige?

She had the brass neck to tell him.

Bhí sé de shotal aici é a rá leis.

brat dailtín

He's just a brat!

Níl ann ach dailtín!

bread

She thinks he's the best thing since sliced bread.

Dar léi níl a shárú ann faoin mbogha bán.

BROWN-NOSE

break

Give me a break!

Ná bris mo chroí leis!, Ní leanbh ó aréir mé!

breeze

It's a breeze.

Ta sé chomh héasca lena bhfaca tú riamh!

(US) **We were shooting the breeze.**

Bhíomar ag cabaireacht/ ag gaotaireacht.

brewer's droop

He had brewer's droop.

Bhí sé gan seasamh crua de dheasca an óil., Tá boige an óil air.

broke

Go for broke!

Bás nó beatha é!

I'm broke.

Tá mé ar phócaí folmha.

brothel drúthlann

She works in a brothel.

Bíonn sí ag obair i ndrúthlann.

browned off

I'm browned off with the lot of you!

Táim tugtha tuirseach díobh go léir!

brown-nose maidrín tóna, slusaí

BROWN-NOSING

brown-nosing
  ag slusaíocht
brunt
  **I bore the brunt of
  her anger.**
  Bhí an chuid is mó dá
  colg dírithe ormsa.
brush 1
  **She had a brush with
  death.**
  Bhí sí ag comhrá leis
  an mbás.
brush 2
  **I'd like to brush up
  my Irish.**
  Ba mhaith liom an
  mheirg a bhaint de
  mo chuid Gaeilge.
bucket
  He kicked the bucket.
  Chuaigh sé ar shlí na
  fírinne.
  Pass the bucket!
  Tabhair sos urlacain
  dom!
budding
  He's a budding artist.
  Ealaíontóir atá ag
  teacht i gcrann é.
buff saineolaí
  **She eventually became a
  real DIY buff.**

BUGGER

D'eirigh sí ina
'Gobán Saor' maidir
le *Déan-tú-féin-é* sa
deireadh thiar thall.
bug
  What's bugging you?
  Cad tá ag déanamh
  scime duitse?
bugger 1 feisí tóna
  **I got bugger all
  thanks from him.**
  Ní bhfuaireas a
  dheamhan dada de
  bhuíochas uaidh siúd.
  Poor bugger!
  An t-ainniseoir bocht!,
  An créatúr bocht!
  Silly bugger!
  An dúrnánaí!
bugger 2
  Bugger it!
  Drochré air!
  Bugger me if I know!
  Droch-chré ormsa más
  eol domsa é!
  Bugger the expense!
  Droch-chré ar an
  chostas, ceannaímís é!
  Bugger off!
  Imigh leat go bhfeisí tú
  féin!

BUGGERED

buggered

> **Well, I'm buggered
> if I know!**
> Muise, go bhfeisí an
> diabhal (*chun báis*)
> mé má tá a fhios agamsa!
>
> **If I don't get this job,
> we're all buggered.**
> Mura bhfaighim an jab
> seo beimid uile i gceartlár
> an chírín cacamais.

bullshit 1

> **That's a load of bullshit!**
> Níl ansin ach cacamas
> ceart!

bullshit 2

> **Don't bullshit me!**
> Ná bí ag iarraidh cluain
> an chacamais a chur orm!
>
> **to bullshit him**
> scéal an chacaimais bhuí
> a thabhairt dó

bum 1 (*backside*) geadán

> **sitting on his bum**
> ina shuí ar a gheadán
>
> **bum bag**
> mála tóna
>
> **bum fluff**
> féasóg thanaí stócaigh
>
> **He's a bum.**
> Is slúiste é.
>
> **He's a lazy bum.**
> Is fánaí falsa é.

BUNDLE

bum 2

> **to be bumming
> around**
> bheith ag fánaíocht
> thart

bummer

> **What a bummer!**
> A leithéid de bhuille
> fill!

bump off

> **They bumped him
> off.**
> Chuir siad cos i bpoll
> leis.

bun

> **She has a bun in the
> oven.**
> Tá féirín beag faoi cheilt/
> faoin philirín aici.

bunch

> (*ironically*) **Thanks a
> bunch!**
> Nach deas an gar
> anois a rinne tú
> domsa!

bundle

> **to make a bundle**
> carn mór airgid a
> dhéanamh
>
> **It costs a bundle.**
> Caithfear mám mór
> airgid a bheith agat lena
> cheannach.

BUNG

It costs a bundle.
Caithfear mám mór
airgid a bheith agat
lena cheannach.

bung

to bung up the system
an córas a chalcadh
suas

Bung it in the fire!
Cart isteach sa tine é!

bunk

He did a bunk.
Chaolaigh sé leis.

bush

**Stop beating around
the bush!**
Ná bí ag baint
boghaisíní ar an
cheist!

business

**Does he do the
business?**
An ndéanann sé an
gnó?

**What business had
you telling her?**
Cén gnó duitse bheith
ag insint di!

**She was working
away like nobody's
business.**
Bhí sí ag obair go
dian diail.

BUTT

It's the business!
Sin é go díreach an
rud atá uainn!

busker sráidéigeas

I'm a busker.
Is sráidéigeas mé.

busking sráidéigse

to be out busking
bheith amuigh i
mbun sráidéigse

bust

He got busted.
Gabhadh é.

to bust a gut
do sheacht ndícheall
a dhéanamh

busybody

**She's an awful
busybody!**
Is uafásach an
socadán í!

butch

She's very butch.
Is Muireann fireann i
mbríste í.

butt 1

Move your butt!
Bog do chúl!

butt 2

Butt out!
Sciob do
shrón fhada as
seo!

BUTTHEAD

butthead creitín, ceann cipín

button

  Button it!

  Druid/Dún é!

buxom

  buxom lass sodóg

buzz

  Give us a buzz!

  Cuir scairt orm!

  I get a real buzz out of it.

  Tugann sé ardú croí agus anama dom.

  Buzz off!

  Tóg ort!

by-your-leave

  without as much as by-your-leave

  gan chead ná chomhairle

C

cack

  Don't talk cack!

  Ná bí ag caint cacamais!

  That book's a load of cack.

  Is cacamas ceart an leabhar sin.

CASH

cahoots

  to be in cahoots with him

  bheith rúnpháirteach leis

cakehole

  Shut your cakehole!

  Dún poll do bhéil!

call-girl cailín gleoite, bean leapa

can

  It's in the can.

  Tá sé curtha i gcrích.

  to carry the can

  bheith fágtha tóin le gaoth

cancer stick cipín ailse

carpet

  He is on the carpet.

  Tá sé ar a chuntas

  to give them the red-carpet treatment

  an cairpéad dearg a rolladh amach rompu

case

  He's always on my case.

  Bíonn sé i gcónaí anuas orm.

  Get off my case!

  Lig domsa!

cash

  to cash in on something

  teacht i dtír ar rud

CATTY

to look like something the cat dragged in
cosúil le rud gur tharraing an cat isteach

to let the cat out of the bag
an rún a sceitheadh

catty binbeach

chance
Would you do it? No chance!
An ndéanfása é? Baol orm!

Fat chance of that happening.
Caolseans go dtarlódh a leithéid.

chancer
He's an absolute chancer.
Is seansálaí go smior é!

Charlie
I feel a right Charlie, I can tell you!
Nach mé an gamal ceart agus mise á rá leat é!

chat up
to chat up a girl
bladar a dhéanamh le cailín

CHEESED OFF

chat-up line bladar súirí
He has some great chat-up lines.
Bíonn an bladar ar bharr a theanga aige agus é ag caint leis na cailíní.

chatter cadráil
chitter-chatter
futa fata

cheapskate
He's a real cheapskate.
Déanann sé gach rud ar an bpingin is saoire.

check out
Check it out!
Féach leis sin!

cheers!
(a. thanks) Nár laga Dia do lámh!
(b. Ciao!) Mora thú!
(c. Sláinte!) Go mairimid beo!

cheese
Hard cheese!
Beidh lá eile ag an bPaorach!
He's a big cheese.
Is boc mór é.

cheesed off
I'm cheesed off with it.

CHEESY

Táim ciaptha cráite
leis.

cheesy

It was a bit cheesy.
Bhí sé pas beag go
leamh.

cherry

cherry picking ag
piocadh na sméara
is aibí duit fhéin/an
chuid is fearr duit
féin

She lost her cherry.
Maighdean gan bhláth í
anois.

chick bodóg, cliobóg, báb

to pull a chick
sciorta a tharraingt

chicken

You're chicken!
Is sicín thú!

chicken out

**He chickened out at the
last moment!**
Loic sé mar
chladhaire ag an
nóiméad deireanach.

chickenfeed

That's just chickenfeed.
Níl ansin ach pinginí!

chill

Take a chill pill!
Lig fútsa!

CHISLER

chill out

Chill out!
Tóg go bog é!

**It would do no harm if
she'd chill out a bit.** Ní
dhéanfadh sé dochar ar
bith dá ligfeadh sí uaithi
beagáinín.

chinless

chinless wonder
maolsmigeach méileach

chin-wag dreas cabaireachta

**We had a good old
chin-wag.**
Rinneamar dreas maith
cabaireachta
lena chéile.

chip

**He's a chip off the old
block.**
Is slis den seanmhaide é
siúd.

**when the chips are
down**
ar uair na práinne

chip in

Everyone chipped in.
Rinne gach duine a
chion féin.

chisler *(child)* bunóc

the chislers
na bunóca

How are the chislers?

CHOCK-A-BLOCK

chock-a-block
Conas tá do chúram/
do chuid bunóc?

chock-a-block lán go drad
**The roads are chock-
a-block with traffic.**
Tá na bóithre plúchta/ag
cur thar maoil le trácht.

chop 1
He got the chop.
Tugadh an doras dó.

chop 2
**She's always chopping
and changing.**
Ní bhíonn aon
bhuanseasmhacht inti
suíd. Is giodróg í.

chuck
He chucked it in.
Chaith sé a lámh isteach.
He was chucked out.
Tugadh an tsráid amach
dó.

chucking-out-time
am scoir

chuffed
**I was chuffed with
myself.**
Bhí mé chomh postúil le
cat siopa.

chug
I'm just chugging along.
Níl mé ach ag

CLEAN

séideogacht ar aghaidh.

city-slicker
city-slickers
gaigíní cathrach

clap
**He got a dose of the
clap.**
Bhuail an bholgach é.

clapped-out
**He only owns a
clapped-out car.**
Níl ach ainm de charr
aige.

clappers
**He ran like the
clappers.**
Rith sé ar luas lasrach/go
maolchluasach.

class
It was a class act.
Ba bheart den chéad
scoth é.

classic
It was classic!
Chaithfeá é a fheiceáil!

classy
She's a classy chick.
Is cliobóg ghalánta í.

clean 1
(drugs) **to be clean**
éirithe as na drugaí
He is clean.
Thug sé suas an t-ól.

clean 2

> **They cleaned me out.**
> Shaill siad mé.
> **They cleaned up.**
> Rinne siad mám mór airgid as.

clear off Scuab leat!

clever boots/dick

> **She thinks she's a real clever boots.**
> Is foinse an uile eolais í dar léi féin!

clink

> **He's in the clink.**
> Tá sé sactha i gcarcair.

clit *(see.* **clitoris)**

clitoris brillín

clobber 1

> **to clobber someone from behind**
> duine éigin a leadradh ar chúl a chinn

clobber 2 *(clothes)*
> brangóidí

clod-hopper clabhta, cábóg

close

> **It was a close thing for us.**
> Is ar éigean a d'eirigh linn teacht slán.

clot

> **You're such a clot!**
> Nach tusa an ceann cipíní!

cloud-cuckoo-land

> **He lives in cloud-cuckoo-land.**
> Níl aon pheaca air.

clout

> **to give him a clout**
> cíonán a thabhairt dó

club 1

> *(pregnant)* **She's in the club.**
> Tá sí i gcumann na mban.
> **Join the club!**
> Tá tú ag caint le do dheartháir/le do dheirfiúr!

club 2

> **We were out clubbing.**
> Bhí muid amuigh ag clubáil.

clueless

> **He's clueless!**
> Ní bhíonn cliú dá laghad aige.

cobblers

> **That's a load of cobblers!**
> Níl sa mhéad sin ach breallaireacht!

cock *(penis)* beaignit, slat, tairne, tiarpa.

> **It was a big cock-up.**

Ba mhór an mheancóg é!

cock-sucker

(man) fear crúite síl;

(insult) tónach táir

(woman) bean crúite síl,
bleánaí, bliteoir

codger

silly old codger

seanscódaí saonta

codology

**I have no time for that
kind of codology!**

Níl aon am agam dá
leithéid d'ealaín.

codswallop

It's a load of codswallop.

Is breallántacht amach is
amach é!

coke cóc

cokehead ceann cóc

cold turkey turcaí fuar

to be on cold turkey

bheith ar an turcaí fuar

come 1 sponc

come 2

to come

scaoileadh

I can't wait, I'm coming!

Ní féidir liom fanacht
táim ag teacht!

He came out *(as
homosexual).*

Tháinig sé amach.

**He started coming on
to her.**

Thosaigh sé ag cur suime
inti.

**She gave him the
come-on look.**

Chaith sí catsúile leis.

come-all-ye(h)

seisiún ceoil agus rince

**We had a great come-
all-yeh last night.**

Bhí seisiún ceoil,
an-chraic agus rince
againn aréir.

con 1

It's a con.

Píosa caimiléireachta é.

He's a con-man.

Caimiléir é.

con 2

I was conned.

Buaileadh bob orm.

conk

**As soon as my head hit
the pillow, I just conked
out.** Chomh luath is a
bhuail mo cheann an
adhairt, bhí mé marbh
don saol seo.

The engine conked out.

D'imigh an t-anam as an
inneall.

COOK

cook

    What's cooking?
    Cad tá ar cois?

cookie

    He's a tough cookie.
    Is é an mac doscúch é!

    That's the way the cookie crumbles.
    Sin mar a bhíonn an saol.

cool

    Is he cool with that?
    An dtagann sé leis an mhéid sin?

    That's cool!
    Tá sin go seoigh!, Tá sin go snasta!

    Keep cool!
    Breá réidh anois!

    He's as cool as they come.
    Ní féidir corraí a bhaint as.

    Isn't he cool!
    Nach é atá go snasta!

    She kept cool.
    Choinnigh sí guaim uirthi féin.

cop 1 pílear

    the cops
    an teas

cop 2

    He copped it.
    Fuair sé ó thalamh é.

COW

    He eventually copped on.
    Sa deireadh thiar thall nochtadh fírinne an scéil dó.

    He copped out of telling her.
    Ní raibh sé de sponc aige é a rá léi.

cop-out

    It's a cop-out!
    Is é rogha le fána é!

copper póilín

cottaging i leithreas poiblí ar lorg caidrimh ghnéasaigh

couch potato práta teilifíse

cough up

    to cough up the money
    sreanga do sparáin a scaoileadh

    He coughed up the readies.
    Chuir sé suas an t-airgead.

cow bó

    She's a thieving cow!
    Is bó bhradach í!

    She's an ugly cow!
    Is bó ghránna í!

    What a silly cow!
    Nach í an bhó bhómánta í!

crack 1

Let's get cracking.
Téimis i mbun na hoibre!, Cuirimis tús leis!

He's about to crack up.
Tá sé ar tí titim as a chéile.

crack 2 craic; crac-cóc

Let's have a crack at it!
Féachaimis leis!

It was great crack!
Ba mhór an chraic é!

How's the crack?
Conas tá an chraic?

cracked

He's cracked.
Tá sé craiceáilte.

crackers

She's crackers.
Tá sí craiceáilte.

crack-pot

Some crack-pot did it.
Rinne duine craiceáilte é.

cram

to cram for an exam
pulcadh faoi chomhair scrúdaithe

I crammed for the Irish exam.
Rinne mé mo cheann a phulcadh don scrúdú Gaeilge.

crammer pulcaire

crank cancrán

crank call
glao ó dhuine corr

crap cacamas

That's a load of crap!
Is carn aoiligh é sin!

He's full of crap.
Tá sé lán de chacamas.

Cut the crap!
Cuir uait an tseafóid!

I don't need this crap!
Ní gá dom cur suas leis an amaidí seo!

crappy

It's a crappy film.
Is scannán chúil spruadair é!

He's a crappy teacher.
Is múinteoir chúl tóna é!

crash

to crash a party
teacht gan cuireadh chuig cóisir

Can I crash at your place for tonight?
An bhféadfainn cur fúm agaibhse don oíche anocht?

creep snámhaí

dirty creep
snámhaí salach

Do you know that creep?

An bhfuil aithne agat ar
an snámhaí sin?

creeps
He gives me the creeps.
Cuireann sé drithlíní
liom.

creepy
It felt really creepy.
Bhí drithlíní ag dul
tríom.

cretin creitin
What a cretin!
A leithéid de chreitin!

croak
He croaked it. Smiog sé.

crock
What a crock!
A leithéid de charn
aoiligh!

cropper
He came a cropper.
Leagadh é., Baineadh dá
dhiallait é.

crucify
**We were crucified at
last Saturday's match.**
Baineadh an gus ar fad
asainn sa chluiche an
Satharn seo caite.

crud
**He was talking
complete crud the
whole time.** Bhí sé ag

caint as cúl a thóna
an t-am ar fad.

cruddy
Some cruddy film
Scannán sraoilleach de
shórt éigin

crummy
crummy book
leabhar gan mhaith,
leabhar sraoilleach
crummy deal
margadh bacach

crumpet
a bit of crumpet
píosa den toirtín
gruagach

crush
**She has a crush on her
teacher.**
Tá sí splanctha i
ndiaidh a múinteora.

crust
to earn one's crust
do chuid a shaothrú

crying
For crying out loud!
In ainm Dé!

cuff 1
**to cuff him round the
ear**
cuaifeach a thabhairt
ar a chluas dó
*(see also: **box**)*

CUFF

cuff 2
> **to speak off the cuff**
> labhairt as do sheasamh

cum sponc

cunt aiteann, boige
> *(mná)*, breall *f*, caitín,
> clais, coinín, clúmh,
> díog, fionnadh folaigh,
> frapa, gág, gabhal, gibhis,
> milseog *(mhná)*, píóg,
> póca teo, poll, pota,
> portach *(draíochta)*,
> pluais, pluaisín, púisín,
> riasc *(rúnda)*, rúinín,
> scuab, scuaibín, scuabóg,
> scoilt *(na gcos)*, taise,
> toirtín gruagach.
> **She rubbed his knob in her cunt.**
> Chuimil sí a chab dá clais.
> **Stupid cunt!**
> An breallán baoth!
> **What a fucking cunt!**
> Nach é an gabhal cruthanta! A leithéid de shuarachán feisithe!

cúpla focal *(couple of words)*
> **Do you have the cúpla focal?**
> An bhfuil cúpla focal Gaeilge ar eolas agat?

DAMN

curse
> *(periods)* **She had the curse during the hols.**
> Bhí mallacht mhíosúil na mban uirthi le linn na laethanta saoire.

cut 1
> **She's a cut above the rest.**
> Is céim os cionn na coitiantachta í.

cut 2
> **How's she cuttin'?**
> Conas tá cúrsaí?

D

dabble
> **I dabble in painting.**
> Bíonn ladar agam sa phéinteáil.

daisy
> **He's pushing up the daisies.**
> Tá sé ag tabhairt an fhéir.

damn 1
> **Not a damn thing!**
> A dheamhan dada!
> **I don't give a damn!**
> Is cuma sa diabhal liom!
> **It's not worth a damn.**
> Ní fiú mallacht é.

damn 2

> **Damn it!**
> Damnú air!
>
> **Well I'll be damned!**
> Bhuel, m'anam don
> diabhal!
>
> **I'm damned if I
> know!**
> A dheamhan a bhfuil
> a fhios agamsa!

damnation! Damnú air!

damnedest

> **I did my damnedest.**
> Rinne mé mo sheacht
> ndícheall.
>
> **It was the damnedest
> thing!**
> Ní chreidfeá ar chor ar
> bith é!

dander

> **to go for a wee dander**
> dreas beag
> spaisteoireachta a
> dhéanamh

dandy

> *(ironically)* **That's just
> dandy!**
> Níl raibh ach sin ag
> teastáil uainn!
>
> **Everything is fine and
> dandy!**
> Tá gach rud go breá
> gleoite!

darn

> **Darn it!**
> Pleoid air!
>
> **I can't get the darn
> thing to go.**
> Ní féidir liom an rud
> diabhalta a chur ar siúl.

dash

> **Dash it all!**
> Dar ainm na Naomh uile!
>
> **That's dashed decent of
> you!**
> Is breá deas an mhaise
> duit é!

daylights

> **He beat the living
> daylights out of me.**
> Thug sé liúdráil
> loiscneach dom., Bhain
> sé na putóga asam.
>
> **You scared the living
> daylights out of me.**
> Ba bheag nár bhain
> tú an croí asam leis an
> scanradh.

dead

> **The project is dead in
> the water.**
> Is tionscnamh caite i
> dtraipisí é.
>
> **dead ringer**
> macasamhail
>
> **as dead as a door-nail**

DEAD-AND-ALIVE　　　　　　DEKKO

chomh marbh le hArt

He's a dead loss.
Is caillteanas glan é

He's dead from the neck up.
Níl aon rud idir na cluasa aige.

I wouldn't be seen dead in that dress!
Ní chaithfinn an gúna sin dá mbeinn sínte ar chlár!

It's dead easy.
Tá sé chomh héasca lena bhfaca tú riamh. **You're dead lucky.**
Bíonn ádh an diabhail ort!

Are you dead certain?
An bhfuil tú lánchinnte?

dead drunk
ar stealladh meisce

I'm dead against it.
Táim glan ina choinne.

dead-and-alive

He's a real dead-and-alive article.
Is é an bás ina sheasamh é.

dead-beat

dead-beat gambling joint

teach marbhánta cearrbhachais

deadly

The film's deadly!
Is spreacúil mar scannán é!

death

You'll be the death of me!
Cuirfidh tú den saol mé!

You look like death.
Tá dath an bháis ort.

like death warmed up
amhail an bás ina sheasamh

meat done to death
feoil dhóite

deck 1

Hit the deck!
Bolg le talamh!

deck 2

He's not playing with a full deck.
Tá lúb ar lár in a cheann.

deep pockets

(US) **Her boyfriend has deep pockets.**
Tá a stócach ar maos le hairgead.

dekko sracfhéachaint

Let's have a dekko!

DENSE

DIRT

Lig dom sracfhéachaint
a thabhairt air!

dense dúr

**He's as dense as they
come.**

Tá sé chomh dúr lena
bhfaca tú riamh.

depth

**I was in the depths of
despair.**

Bhí mé in umar na
haimléise.

**You're way out of your
depth.**

Tá tú i bhfad thar do
bhaint.

devil

You lucky devil!

Nach ámharach an
diabhal thú!

Speak of the devil!

Tig gach aon rud lena
iomrá!

The devil take it!

Go dtuga an diabhal
leis é!

**She was working like
the devil.**

Bhí sí ag obair ar nós
diabhail.

What the devil?

Cad sa diabhal?

How the devil did

you do it?

Conas sa diabhal a rinne
tú é?

Devil a bit!

Diabhal é!

dicey

(US) **It's a bit dicey if
you ask me!**

Is baolach go mór an
beart é dar liomsa!

dick

He's a right dick!

Is streilleachán ceart é!

dick-head cúl tóna

**He's an absolute dick-
head.**

Is cúl tóna cruthanta é.

dig

I really dig that music.

Táim tugtha go hiomlán
don cheol sin.

(food) **Dig in!**

Déan do ghoile!

digs lóistín

dipstick dallarán

dirt

**They're trying to
dig up the dirt on
the president.** Táid
ag iarraidh clú an
uachtaráin a mhilleadh.

**You have a one-track
mind and that's a**

dirt-track. Raon
smaointe amháin agatsa
- agus is smúitraon é!

dirt cheap
chomh saor le haer

dirty

dirty old man
seanfhear salach

**to have a dirty
weekend**
deireadh seachtaine
salach a bheith agat

dishwater *(insipid tea)*
samlach

**This tea is like
dishwater.**
Tá an tae seo cosúil le
huisce prátaí.

dishy gleoite *(in certain
dialects can also indicate
prostitution)*

dishy girl cailín gleoite

ditch

to ditch an idea
smaoineamh a
chaitheamh le haill

dither

**Would you stop
dithering!**
Arae, bí ann nó as thú!

**He's always dithering
about.**
Bíonn sé i gcónaí ag

moilleadóireacht.

dive ballóg

It was an awful dive.
B'uafásach an bhallóg é!

do

to do drugs
drugaí a chaitheamh

to do a bank
banc a robáil

I've been done!
Buaileadh bob orm!

I'm done for!
Tá mo rás rite!

**I feel absolutely done
for.**
Táim tugtha tnáite
amach is amach.

They did him in.
Chuir siad i mbosca/i
gclár adhmaid é.

doddery cróilí

He's a doddery old fool.
Is seanamadán cróilí é!

doddle

It's a doddle.
D'fhéadfadh
leathamadán é a
dhéanamh.

dodgy

**That sounds a bit
dodgy to me.**
Tá cuma amhrasach ar
an scéal sin, dar liomsa.

dog 1

The dirty dog!

An suarachán salach!

He's a sly dog!

Is slíbhín é!

He leads a dog's life.

Bíonn saol an mhadra
chráite aige!

It's dog eat dog here!

Itheann na madraí allta a
chéile anseo!

(going to the W.C.)

**I'm going to see a man
about a dog.**

Tá orm an tigín beag a
chuartú.

dog 2

**We were dogged by bad
weather.**

Bhíomar cráite ag an
drochaimsir.

dog-house

**He'll really be in the
dog-house now!**

Beidh sé in umar na
haimléise anois!

doggone

Well, I'll be doggone!

Bhuel, m'anam don
diabhal!

doggy-fashion

**to make love doggy-
fashion**

comhriachtain a
dhéanamh ar nós na
madraí/tóin ar barr

doldrums

**She was in the
doldrums.**

Bhí sí i ndroim dubhach.

doll 1

She's a doll!

Is spéirbhean í!

What a doll!

Nach í an chuid súl í!

doll 2

She dolled herself up.

Rinne sí í féin a
phointeáil suas.

dope *(drug)* dóp;
(person) dúramán

to take dope

dóp a chaitheamh

He's a dope!

Is dúramán é.

dopey dúramánta

dork sreangaire

He's a dork.

Is sreangaire é.

dosh

Has he got the dosh?

An bhfuil na pinginí aige?

doss

to doss about

bheith ag srathaireacht
thart

DOSSER

dosser srathaire, liúdramán
   He's an awful dosser!
   Is uafásach an srathaire é!
doss-house teach na mbocht
   in the doss-house
   i dteach na mbocht
dot
   **She arrived on the dot
   of six.**
   Tháinig sí ar bhuille a sé.
dote 1 peata
   Isn't she a little dote!
   Nach í an peata beag!
dote 2
   He dotes on her.
   Tá sé doirte di.
   She dotes on him.
   Bíonn sí leáite anuas air.
dotty seafóideach; ait,
   néalraithe
   He's dotty.
   Tá sifil air.
   dotty notion
   smaoineamh seafóideach
   dotty aunt
   aintín néaltraithe
   She's a bit dotty.
   Tá sí pas beag ait.
   He's dotty about her.
   Tá sé splanctha ina
   diaidh.
dough
   He's hasn't any dough.

DRAG

   Tá sé ar phócaí
   folmha.
down
   to down a pint
   pionta a chaitheamh siar
down-and-out
   gioblachán
   **He was a down-and-
   out.**
   Bhí sé ar an trá fholamh.
   **They look after the
   city's down-and outs.**
   Tugann said aire
   d'ainniseoirí na
   cathrach.
downer
   to be on a downer
   bheith in ísle brí
drag 1
   It was a real drag for us.
   Bhí sé ina thrillín trom
   orainne.
   He dresses in drag.
   Cuireann sé éadaí ban
   air féin.
   drag-queen banríon
   draig,
   fear in éadaí ban
drag 2
   Stop dragging your feet!
   Ná bí ag tarraingt na
   gcos leat!

drat

 Drat it!
 Drochchrath air!

dratted

 This dratted thing is of no use.
 Níl maitheas ar bith sa rud mallaithe seo!

dream 1

 In your dreams!
 Níl cosc ar éinne bheith ag aislingeacht!

 It's a dream of a dress!
 Is gleoite aislingeach an gúna é!

 Isn't he a dream!
 Nach iontach an chuid mná é!

dream 2

 Dream on!
 Níl cosc ar éinne caisleáin óir a thógáil!

drip sramaide

 He's a real drip.
 Is sramaide ceart é!

drop 1

 Let's drop it!
 Scoirimis de mar scéal!

 He dropped out of the race.
 D'éirigh sé as an rás.

drop 2

 It's a drop in the ocean.

 Níl ann ach sú talún i mbéal bulláin.

 Do you take the odd drop?
 An ólann tú an corrbhraon?

 I think he had a drop taken.
 Ceapaim go raibh braoinín beag istigh aige.

drop-dead

 She's drop-dead gorgeous.
 Is í íocshláinte an domhain í!

dry

 Would you ever dry up!
 An bhféadfá do ghob a dhúnadh!

dry-shite tóin tur, turaire

 He is such a dry-shite.
 Is tóin tur tráite é.

dude *(as in greeting)*

 Hi, dude!
 Mora thú!

duff

 to duff someone up
 íde a thabhairt do dhuine éigin

duffer dallacán

 Silly old duffer

seanleiciméir saonta

dumb bómánta

**That was a pretty dumb
thing to do!**

Ní fhéadfainn tú a
mholadh as a ndearna tú
ansin!

dump

What a dump!

A leithéid de bhréanlach!

dunno

I dunno.

Níl 'is am!

dutch

dutch courage

misneach óil

to go dutch

dul amach agus gach
duine ag íoc as féin

dweeb streilleachán

E

ear

I'm up to my ears in work.

Tá na seacht sraith ar
lár agam. Tá seacht
gcúraimí an tsléibhe
orm.

She's up to her ears in

debt.

Tá sí báite i bhfiacha.

**He was thrown out
on his ear.**

Caitheadh amach ar a
chluas é.

earful

Get an earful of this!

Bain lán do dhá chluas
as seo!

earth

(after sex) **How was it for
you? Did the
earth move?**

Conas mar a bhí sé
duitse? Ar bogadh an
domhan duit?

**Where on earth have
you been?**

Cá háit faoin spéir anuas
a raibh tusa?

**What on earth made
you do that?**

Céard sa tubaiste a thug
ort é sin a dhéanamh?

**Why on earth are you
late?**

Cad chuige sa donas
a bhfuil tú déanach?

**It looks like nothing
on earth.**

Níl dreach ná
dealramh air.

earwig
> **to earwig in on a
> conversation**
> cluasaíl isteach ar
> chomhrá

easy
> **He has an easy time
> of it.**
> Bíonn saol an mhadaidh
> bháin aige.
> **Take it easy!**
> Tóg go bog é!

easy-going réchúiseach
> **He's easygoing.**
> Is sochmán é.

eat
> **What's eating you?**
> Cad tá do do chiapadh?
> **Eat your heart out,
> Elvis!**
> Bíodh do chroí á
> shníomh le héad,
> Elvis!

ecstasy *(drug)* eacstaisí

ecstatic
> **She was ecstatic.**
> Bhí sceitimíní uirthi.,
> Bhí sí ar bís.

edgy corrthónach, suaite
> **He's a little bit edgy
> tonight.**

Tá seisean pas beag
corrthóineach anocht.

eejit pleidhce
> **He's a right eejit!**
> Is pleidhce ceart é!

eegit cábóg, geoiste ón tuath

eff
> **He uses the 'eff' word
> a lot.**
> Téann sé go mór i
> muinín an tslamfhocail.
> **There was a lot of effing
> and blinding going
> on!** Bhí gach mionn is
> eascaine le cloisteáil.
> **He effs and blinds like
> nobody's business.**
> Bíonn sé ag mallachtú ar
> nós an diabhail féin.
> **Eff off!** Téigh go
> hifreann!

effing
> **I can't get this effing
> thing to work!**
> Ní féidir liom an rud
> mallaithe seo a chur i
> ngléas.

egg
> **He's a bad egg!** Is ubh
> ghliogair é, Is cladhaire
> díomhaoin é!
> **You're a good egg!**

35

EGGHEAD

FACE

Is ubh an óir thú!

Is madra macánta thú!

egghead

She's a real egghead!

Is scoláire an uile eolais í!

He's a bit of an egghead.

Tá cloigeann maith ar an ghualainn aige.

elbow 1

Put a bit of elbow-grease into it!

Cuir beagáinín den bhealadh faoi na hioscaidí!

There's no elbow room here.

Níl fairsinge chun oibre ag éinne anseo.

elbow 2

elbowing his way to the top of the queue

ag guailleáil a shlí chun barr na scuaine

She gave him the elbow.

Thug sí sonc dá huillinn dó.; *(to get rid of)* Thug sí chun bóthair é.

elevator

(US) **Don't mind Síle, the elevator doesn't go to the top floor there!**

Ná bac le Síle, ní stadann an traein ag

gach stáisiún aici siúd!

end

no end of books

leabhair gan áireamh

He thinks no end of himself.

Tá sé ina dhia beag aige féin é.

There's no end to it!

Níl deireadh leis!

erotic anghrách

erotic film

scannán anghrách

eyeful

Get an eyeful of that!

Bain lán do dhá shúl as sin!

F

FA

I got sweet FA for my all troubles.

Ní bhfuair mé ach faic le fáilte agus an saothar mór crua a chuir mé orm féin leis!

fab! Go taibhseach!

face

Shut your face!

Dún do ghob!

It's real 'in-your-face' poetry.

Is 'cuir sin faoi d'fhiacail
agus cogain é' filíocht.

fag 1 *(cigarette)* toitín

fairy *(homosexual)*

He's a fairy.

Is fear an chaipín bháin
é!

fall guy

**I don't want to be the
fall guy!**

Ní theastaíonn uaimse
bheith fágtha
i mbun an bhacáin!

family jewels na seoda
clainne

fancy 1

**She has a new fancy
man now.**

Tá suiríoch nua aici anois.

**I'm footloose and fancy
free!**

Táim gan chúram ar
bith le croí saor chun
grá!

fancy 2

She fancies him.

Tá nóisean aici dó.

**He really fancies
himself.**

Tá sé ag éirí go mór aniar
as féin.

Do you fancy a drink?

Cad a déarfá le deoch?

fanny *(vagina)* gibhis

**She has a gorgeous
fanny.**

Tá gibhis ghleoite aici.

Sweet fanny Adams!

Faic le fáilte!

far out

(US) **Far out, man!**

Thar barr ar fad, a
dhuine!

farm

(US) **He bought the
farm.** *(i.e. he died)*

D'imigh sé ar shlí na
fírinne.

fart 1 bromaire

Silly old fart

seanbhromaire
bómánta

fart 2 broim

to fart about

bromadh timpeall

fat

fat cat

boc mór

**Fat chance of that
happening!**

Baistfear an diabhal sula

FATSO

dtarlóidh a leithéid!

fat city
saol na bhfuíoll

Fat lot of good that will do!
Agus cén maitheas a thiocfaidh as sin dó?!

fatso bleadrachán, balpóg

faze
  Nothing seems to faze her.
  Is amhlaidh nach gcuireann aon rud isteach nó amach uirthi siúd.

feck
  Feck it!
  Pleoid air!
  I don't fecking care!
  Is cuma sa tioc liom!

fecker boicín, dailtín
  Don't mind that fecker!
  Ná bac leis an mboicín sin!
  The little feckers! Wait till I get my hands on them! A dhailtíní mallaithe! Fan go bhfaighe mise greim mo lámh orthu!

feelers
  to put out feelers
  an talamh a bhrath

FINGER-FUCK

fifth wheel
  I was like a fifth wheel.
  Bhí mise le cois.

figment
  It's only a figment of her imagination.
  Níl ann ach rud a samhlaíodh di.

figure
  (US) **Go figure it out!**
  Bain do chiall féin as!
  (US) **That figures!**
  Tá sin intuigthe.

finger 1
  It's about time you pulled the finger out!
  Is mithid duit bealadh a chur faoi d'ioscaidí!
  She gave me the finger.
  Thaispeáin sí méar san aer dom.
  He never lifts a finger to help.
  Ní chorraíonn sé cos leis chun cabhair ar bith a thabhairt.

finger 2
  (US) **He fingered the whole gang.**
  Sceith sé ar an ghasra iomlán.

finger-fuck
  He finger-fucked her.

FIST-FUCK

D'fheisigh sé í lena mhéar.

fist-fuck
  to fist-fuck a girl
  cailín a fheisiú le dorn

fit
  She'll throw a fit when she hears.
  Tiocfaidh an lí buí uirthi nuair a chloisfidh sí.
  He works in fits and starts.
  Tagann taomanna oibre air anois is arís.

fix 1
  I need my daily fix.
  Ní féidir liom gan mo chiondáil laethúil a fháil dom féin.
  to be in a fix
  bheith i bponc

fix 2
  I'll fix him! Cuirfidh mise deis air siúd!

flahoolagh flaithiúil

flake out
  As soon as my head hits the pillow, I just flake out. Chomh luath is a bhuaileann mo cheann an adhairt féin, bím gan aithne gan urlabhra.

FLATLY

flaming
  You flaming fool!
  A amadáin na spadchluas spiacánach!
  What a flaming nuisance!
  A leithéid de chrá croí dhóite!

flap
  She was in a dreadful flap!
  Bhí griothal an domhain uirthi.
  He was in a bit of a flap.
  Bhí driopás éigin air.

flash-back athbhladhm
  I had a flash-back.
  Tháinig athbhladhm de chuimhne cinn ar ais chugam.

flasher flaiséir

flashy spiagaí

flat
  I was working flat out.
  Bhí mé ag obair ar mo sheacht ndícheall

flatly
  He flatly refused.
  Dhiúltaigh sé go dubh is go bán.

FLEA-PIT

flea-pit bréanlach de
phictiúrlann

fleece

I was fleeced.
Feannadh mé.

fling

to have a fling
ceol a bhaint as an saol

**They had a fling
together years ago.**
Bhí siad an-mhór lena
chéile na blianta fada
ó shin.

Youth will have its fling.
Ní mór cead raidte don
óige.

flip 1

to flip one's lid
imeacht le gaoth na
gcnoc

flip 2

the flip side of the coin
an taobh eile den scéal

flip 3

Flip it!
Pleoid air!

flipping

I was flipping mad.
Bhí mé thar bharr mo
chéille le fearg.

**Don't be flipping well
talking to me about
punctuality!**

FLOOZIE

Ná bíodh de dhánacht
ionatsa bheith ag
caint liomsa faoin
phoncúlacht!

flirt 1 cliúsaí

He's a terrible flirt.
Is uafásach an cliúsaí é.

flirt 2

**She was flirting with
him**.
Bhí sí ag cliúsaíocht leis.

float

to float an idea
smaoineamh a chur
amach lena phlé

flog

**You're flogging a dead
horse.**
Tá tú ag marú madra
marbh.

**That joke has been
flogged to death.**
Scéal le féasóg fhada liath
é sin.

floor

**He wiped the floor with
me.**
Rinne sé madra draoibe
díom.

floozie giobóg

**Don't tell me you're
going out with that
floozie!**

Ná habair liom go
mbíonn tusa ag siúl
amach leis an ghiobóg
sin!

flop

**That play was a total
flop.**

Plup-plap/ Slupar-slapar
ceart a bhí dráma úd.

fluff

a bit of fluff

píosa den sciorta

flunk

He flunked the exam.

Chlis air sa scrúdú.

fly 1

She flew off the handle.

Scaoileadh a srianta agus
las sí le fearg

fly 2

**There are no flies on
him.**

Níl aon néal air.

**I'd love to be a fly on
the wall in that room
now.**

Ba bhreá liom bheith
mar chluas ar an
mballa sa seomra sin
anois.

fly-by-night Ruairí an
mheánoíche

fogey

**Don't be such an old
fogey!**

Ná déan seanchóta díot
féin!

**He's a miserable old
fogey!**

Is seanruacán ceart é.

fool amadán

She's nobody's fool!

Ní óinseach ag aon duine
í!

More fool you!

Tusa 'tá thíos leis!

fooling

Stop fooling around!

Cuir uait an
phleidhcíocht!

fooster

**She's always foostering
about.**

Bíonn sí ag fústráil
timpeall na háite an
t-am ar fad.

footsie

**playing footsie with a
person under the table**

ag imirt cuimilt na gcos
le duine faoin bhord

fork

**Why do I have to fork
out the money?**

Cén fáth go bhfuil ormsa
an t-airgead a shíneadh
amach?

foul up

   to foul up everything
úth ar tharbh a
dhéanamh de gach rud

foul-up praiseach

   It's a right foul-up!
Is praiseach cheart é!

four-eyes

   Hi, specky-four-eyes!
Haigh, a spéaclaí na
gceithre súl!

fraidy-cat sicín buí

freak

   He's a religious freak.
Bíonn sé as a mheabhair
ar fad nuair is reiligiún a
bhíonn i gceist.

   He's a freak.
Is ainriochtán é.

   freak-show
seó ainriochtán

freak out

   **She'll freak out when
she hears.**
Rachaidh sí le báiní
nuair a gheobhaidh
sí amach.

freebie aiscín

   (US) **There'll be lots of
freebies to be had.**

Beidh neart aiscíní le fáil!

freeloader súmaire

French

   Excuse my French!
Maith dom na mionnaí
móra!

   to take French leave
imeacht gan chead

   French letter
rubar

   to use a French letter
rubar a chaitheamh

French-kiss

   póg Fhrancach

   She French-kissed him.
Thug sí póg Fhrancach
dó., Thug sí fáiméad le
lán a teanga dó.

fresh

   **He got too fresh with
her.**
D'éirigh sé
róshaoráideach léi.

   fresher neach léinn sa
chéad bhliain in Ollscoil

frigging

   **The frigging thing is
crud!**
Níl fiú faic an rud
mallaithe seo!

   **Don't be frigging lying
to me!**

Ná bí ag insint
deargbhréaga domsa!

frighteners
**to put the frighteners
on him**
scanradh a anama a chur
air

front
to pay up front
airgead a íoc ar an toirt
roimh ré
to be up front with me
bheith díreach liom

fruitcake
**He's as nutty as a
fruitcake!**
Tá sé chomh mear le
míol Márta!

fry 1
He's only small fry.
Ní ann ach duine den
ghramaisc.

fry 2
**I have a lot bigger fish
to fry than that.**
Sin an chloch is lú ar mo
pháidrín.

fuck 1
He's a lazy fuck!
Is feisí falsa é!
**I don't give a fuck
whether he stays or**

leaves! Is cuma sa toll
feisithe liomsa ann ná
as é!
What the fuck! Cén
gabhal faoi rothaí na
spéire! A dhiabhal
feisithe!
**What the fuck brought
you here?**
Cad sa bhreall fheisithe a
thug tusa anseo?
Shut the fuck up!
Dún an clab feisithe!

fuck 2 feisigh
to fuck her
í a fheisiú
Fuck off!
Feisigh leat!
fucked to death
feisithe chun báis
We're fucked now!
Táimid i sáinn an
chacamais anois!
She's really fucked up.
Is praiseach lánfheisithe í.
**You've gone and fucked
the whole thing up.**
Tá an rud go léir feisithe
i gceart agat!
Don't fuck with me!
Ná smaoinigh fuíoll

FUCKER

feisithe a dhéanamh
díomsa!
(proverb) **Fuck her
slowly, fuck her well!**
Feisigh í go haclaí,
feisigh í go mall!
fucker feisí
sly fucker
feisí fealltach
fucking feisithe
What a fucking bastard!
A leithéid de bhastard
feisithe!
It's a fucking disgrace!
Is feisithe an náire é!
fuck-up
What a fuck-up!
Nach feisithe an scéal é!
funky go snasta
That's funky!
Tá sin go snasta!
funny farm
feirm na gcótaí bána
**He was taken off to the
funny farm.**
Tugadh isteach go dtí
feirm na gcótaí bána é.

G

gab
That guy has the gift of

GANDER

the gab.
Nach í an ghliogairnéis
mhaith atá ag an mhac
úd.
gaff geaf
to make a gaff
geafáil
gaffer saoiste
gaga gan splanc ann
He's gone gaga.
Níl splanc fágtha idir na
cluasa aige.
gagging
**They were gagging for
it.**
Ní raibh ach gaoth an
fhocail uathu.
gal cailín
That's my gal!
Mo cheol thú, a chailín
mo chroí!
game
She's on the game.
Is sráidí í.
That's a mug's game!
Is ag cuimilt saille de
thóin na muice
méithe é sin!
gander
**to take a gander at
something**
sracfhéachaint a
thabhairtar rud éigin

gang-bang
  She was gang-banged.
  Tugadh pósadh na
  conairte *(mire)* di.
garbage
  Don't talk garbage!
  Ná bí ag caint raiméise!
  It's a load of garbage!
  Is carn mór amaidí é!
gas craic
  It was gas!
  Ba mhór an chraic é!
gasbag scaothaire,
  bolmán
  He's an awful gasbag.
  Is uafásach an scaothaire
  é.
gasp
  **I was gasping for a
  cigarette.**
  Bhí mé ar an dé deiridh
  d'uireasa toitín.
  gay *(homosexual)* aerach
  Is he gay?
  An aerach é?
  the gay community
  an pobal aerach
  That's gay!
  Tá sin go haerach!
gay-bashing ag tabhairt
  drochíde coirp d'éinne
  atá ina aerach; *(BÁC)* ag
  baiseáil gay'nna

gear
  Has he got the gear?
  An bhfuil an trealamh
  aige?
  Get your arse into gear!
  Ardaigh do thóin chun
  oibre!
Gee whiz! A Thiarcais!
geek galldúda
  Who's that geek?
  Cé hé an galldúda sin?
geezer
  Who's that geezer?
  Cé hé an geocach sin?
  **some old geezer with a
  limp**
  seangheocach éigin atá
  bacach
get
  **It really gets to me the
  way she moans
  on.** Feidhmíonn sé go
  mór ar mo néaróga í
  féin agus a cuid ochlán.
  He got religion.
  D'iompaigh sé chun
  reiligiúin.
  He got her into trouble.
  Chuir sé ó chrích í.
  I got him guessing.
  Chuir mé ag
  smaoineamh é.
  You've got it!

45

GET-UP

Tá agat!

What are you getting at?
Cad chuige a bhfuil tú?

There's no getting away from it.
Níl aon dul uaidh.

Get away with you!
Éirigh as!

It really gets me down.
Cuireann sé as dom go mór.

She told him where to get off.
Chuir sise ina áit é gan mhoill., Níor fhág sí in aon amhras é nár mhaidrín lathaí í ag fear ar bith!

to get off with a boy/girl
croí buachalla/cailín a bhuachan

She gets up my nose.
Cuireann sí straidhn orm.

What have you been getting up to lately?
Céard a bhíonn ar siúl agatsa le déanaí?

You'll have to get it together!
Caithfidh tú teacht ar do chiall!

GIZMO

get-up *(clothes)* brangóidí

What a get-up!
A leithéid de bhrangóidí!

gibberish gibiris

talking gibberish
ag caint gibirise

gig ceolchoirm, seó

The gig is up.
Tá deireadh leis an diabhlaíocht., Tá an seó thart.

ginormous ábhalmhór

girlie

girlie chat
comhrá na mban óg

gist

the gist of what she was saying
brí bhunúsach a cuid cainte.

the gist of the matter
cnámha an scéil

git geoiste

He's a right git.
Geoiste ceart é!

What a git!
A leithéid de gheoiste!

give

What gives?
Cén scéal é?

Give over!
Éirigh as!

gizmo gléas, gléasra

GLITCH

What's this gizmo for?
Cad chuige an gléas seo?
He has all sorts of new gizmos.
Bíonn gach uile shórt de ghléasra nua aige.
glitch tuisle, fabht
There was a glitch in the program.
Bhí tuisle sa chlár.
glitzy gairéadach
The fashion show was rather glitzy.
Bhí an seó faisin pas beag gairéadach.
go 1
I'll have a go.
Féachfaidh mé leis.
Give us a go!
Tabhair seans domsa!
on the go all day
i mbun oibre an lá ar fad
go 2
He's like, 'You're mad!' and I go, 'No way, man!' 'Tá tú ar buile!', arsa seisean, agus mise leisean, 'Baol ormsa, a mhic ó!'
Off you go!
Ar aghaidh leat!
The play went down like a lead balloon.

GOBSHITE

Thit an tóin ar fad as an dráma.
He's going down!
Tá seisean ag dul síos!, Tá a chnaipe déanta!
His business went under.
Chuaigh a ghnó faoi.
I prefer to go with the flow.
Is fearr liomsa dul le sruth an tsaoil.
goat
He likes to act the goat.
Is maith leis bheith ag pleidhcíocht.
It gets my goat!
Cuireann sé olc orm!
gob
Shut your gob!
Dún do ghob!
gobbledygook gibiris
He was just speaking some gobbledygook.
Ní raibh ach gibiris éigin á labhairt aige.
gobdaw galldúda
What kind of a gobdaw are you?!
Cén sórt galldúda atá ionatsa?!
gobshite
He's a gobshite.

Is cúl tóna é!

gobsmacked

I was gobsmacked.
Fágadh i mo staic
bhalbh mé., Baineadh an
chaint díom.,
Rinne stangaire díom.

God

**He thinks he's God's
gift to women!**
Ceapann seisean gur
bhronntanas Ó Dhia
don bhantracht é.

God only knows!
Ag Dia amháin an t-
eolas sin!

For God's sake!
In ainm Dé!

Goddammit! In ainm Dé!

goddamn

(US) **He's a goddamn
nuisance.**
Is crá croí mallaithe é.

(US) **And I don't
goddamn care!**
Agus is cuma sa diabhal
liom!

godsend

It was a godsend!
Ba thabhartas ó Dhia é!

goer

She's a bit of goer!
Ní cheileann sí í féin ar

na buachaillí.

gold-digger

(US) **She's a gold-
digger!**
Níl inti siúd ach grá na
hailpe.

Golly! A Mhuiricín!

gone *(drunk)*

**He was far gone by the
time the evening was
over.** Ní raibh féith ná
comhaireamh aige
nuair a bhí an oíche
thart.

goner

He's a goner.
Tá a rás rite.

goof about

He likes to goof about.
Is breá leis bheith ag
áilteoireacht.

goofy

He seemed a bit goofy.
Bhí an dealramh air
nach raibh mórán idir
na cluasa aige.

goofy person
streilleachán

goolies

**He got hit in the
goolies.**
Tugadh fabhtóg
íseal dó.

GOONS

goons guairillí

Al Capone arrived on the scene with a couple of goons.
Tháinig Al Capone ar an láthair le cúpla guairille.

Gosh! Dar fia!

Gotcha! Táir agam!

gouger crochaire

grass 1 *(drug)* féar

smoking grass
ag caitheamh féir

grass 2

to grass on someone
sceitheadh ar dhuine éigin

greedy-guts placaire

Don't be a greedy- guts!
Ná déan placaire díot féin!

grief

I get a lot of grief from my parents.
Bíonn mo thuistí i gcónaí anuas orm.

grip

Get a grip!
Tar ar do chiall!

groovy go seoigh

gross

That's gross!
Tá sin go déistineach

GUTS

ar fad!, Chuirfeadh a leithéid masmas ar dhuine.

grotty míolach

grotty room
seomra míolach

grotty place
failín

grub bia

Grub's up!
Tagaigí chun boird!, Tá ar an mbord!

guff

Less of your old guff!
Cuir uait an plámás anois!

He's full of guff!
Is plámásaí uafásach é!

gurrier búiste

He's a bit of a gurrier.
Tá iarracht den bhúiste ann.

guts

She's got guts if she can do that.
Tá sé de mhianach ceart inti más féidir léi a leithéid a dhéanamh.

She worked her guts out trying to complete the job.
D'oibrigh sí a seacht

GUTSY

ndícheall ag iarraidh
an jab a chur i gcrích.
**He hadn't the guts to
tell her.**
Ní raibh den sponc ann
é a rá léi.

gutsy
gutsy poetry
filíocht lasánta

gutted
**I was absolutely gutted
by the news.**
Bhain an scéala an croí is
na hinní asam.

guv saoiste

guy diúlach
He's a nice guy.
Is deas an diúlach é.

H

habit
to kick a habit
droim láimhe a thabhairt
do nós
**He was on drugs but he
kicked the habit.**
Bhí sé ar na drugaí ach
d'éirigh sé astu.

hack 1
He was on the team but

HAIR'S BREADTH

**he couldn't hack
the work.** Bhí sé ar an
fhoireann ach ní raibh sé
inbhuailte leis an obair.
She couldn't hack it.
Ní raibh sí inchurtha leis.

hack 2
**He's no writer. He's a
hack.**
Ní scríbhneoir é.
Scríobhlálaí atá ann.

hacker haiceálaí

hag cailleach
an old hag
seanchailleach

hail
**Where does he hail
from?**
Cárb as a nglaonn
seisean?

hair
to let your hair down
ligean leat
Keep you hair on!
Coinnigh guaim ort
féin!
**This will put hairs on
your chest.**
Déanfaidh an rud seo
fear díot.

hair's breadth
**to have a hair's breadth
escape**

HAIRY

éalú idir cleith agus
ursain

hairy

(US) **There were a few
hairy moments.**
Bhí cúpla nóiméad casta
ann.

half

You aren't half clever!
Nach cliste an mac/an
bhean thú!

I was half asleep.
Bhí mé idir codladh
agus dúiseacht.

**You don't half
exaggerate!**
Nach tusa an
t-áibhéalaí!

It's not half bad!
Níl sé chomh holc sin
ar chor ar bith!

half-arsed

**It was a real half-
arsed effort.**
Iarracht chúl tóna ar
fad a bhí ann.

half-cocked

**some half-cocked
idea**
macsmaoineamh
leibideach éigin

half-wit leathdhuine
half-witted gann i gcéill

HAND-ME-DOWN

**some half-witted
scheme**
scéim díchéillí éigin

ham-fisted

ham-fisted apology
leithscéal anásta

ham-fisted approach
cur chuige ciotógach

hammered

We were hammered.
Treascraíodh go
talamh sinn.

hammering

**We got a good
hammering.**
Tugadh súisteáil
cheart dúinne.

hand-job

**She did a hand-job
for him.**
Thug sí faoiseamh (a)
láimhe dó.

handle

**to get a handle on a
situation**
lámh in uachtar a
fháil ar scéal

to fly off the handle
imeacht leis na
craobhacha; do
ghuaim a chailliúint

hand-me-down

I get all the

51

hand-me-downs.
Faigheann mise na héadaí
séanta go léir.

hang 1
I can't get the hang of it.
Ní féidir liom teacht
isteach air.
(US) **We were hanging
loose for a few days.**
Bhíomar ag ligean ár
scíth ar feadh cúpla lá.

hang 2
Hang on a minute!
Fan ort go fóillín beag!
Hang the expense!
Bíodh an diabhal ag an
gcostas!
**Where does he hang
out?**
Cá gcaitheann sé an
chuid is mó dá shaol?

hanky-panky
No hanky-panky now!
Cuir as do cheann aon
áibhirseoireacht anois!
**There was some hanky-
panky in the accounts.**
Bhí caimiléireacht de
shaghas éigin sna cuntais.

happy-clappy
**He's one of those
happy-clappy
Christians.**

Is 'ardaígí cros agus
buailigí bos' Críostaí é!

hard-on adharc; bod ina
sheasamh
He has a hard-on.
Tá adharc air.
He can't get a hard-on.
Bíonn sé i gcónaí
leathuair tar éis a sé aige.
He got a hard-on.
Tháinig adharc air.
**Oh, it's a hard-on any
time I see her.**
O, bod ina sheasamh
uair ar bith a fheicim
í.

hash
to make a hash of it
ciseach a dhéanamh de

hassle 1 griothal
Why all the hassle?
Cad chuige an griothal
go léir?
**It's all just too much
hassle!**
Ní fiú an fuadar ná an
griothal é!

hassle 2
Don't hassle me!
Ná bí ag iarraidh griothal
a chur orm!
I felt hassled.
Bhí griothal orm.

hatchet

hatchet job

jab spreotála

to do a hatchet job on a proposal

na putóga is na haenna a bhaint as tairiscint

The critics did a real hatchet job on his latest work. Rinne na léirmheastóirí ceirt urláir/ciolar chiot ar fad dá shaothar is déanaí.

Let's bury the hatchet!

Caithimis an chloch as an mhuinchille!

have

He's had it.

Tá a rás rite.

I have had it up to here with his lame excuses.

Táim bréan dóite ar fad lena chuid leithscéalta bacacha.

(verbal abuse) **She let him have it.**

Thug sí leadhbairt mhaith dá teanga dó.

(physical abuse)

They let him have it.

Is beag nach ndearna siad poll uisce de.

He really had it coming.

Bhí sé ag dul dó go dóite.

I've been had.

Buaileadh bob orm.,
Cuireadh cluain orm.

You have me there.

Sin an áit a bhfuil mé gafa agat.

She won't have any of it!

Ní ghlacfaidh sí leis sin ná lena mhacasamhail.

She has it in for him.

Bíonn an nimh san fheoil aici dó.

He's having it off with her.

Bíonn sé ag baint an chraicinn di.

She's only having you on.

Níl sí ach ag magadh fút.

(US) **I have good vibes about this.**

Tá dea-mhothú agam maidir leis seo.

hay

I think I'll hit the hay.

Is dócha go rachaidh mé chun soip.

She was quite a dancer in her hay-day.

Ba bhreá an rinceoir i mbláth a hóige í.

head

> **to get one's head**
> **together** do cheann a
> chur in eagar, teacht ar
> do chiall
> **off his head**
> as a mheabhair
> **She does my head in.**
> Bíonn mé clipthe aici.

head-case

> **He's a bit of a head-**
> **case.**
> Tá iarracht den bhoc
> mearaí ann.

heaps

> **heaps of work**
> carn mór oibre
> **We've heaps of time.**
> Tá neart ama againn.

heart-throb

> **Deirdre is his heart-**
> **throb.**
> Is í Deirdre cuisle
> a chroí.

heavy

> **Everything was getting**
> **a bit heavy.**
> Bhí gach rud ag éirí pas
> beag ródháiríre.
> **They brought in the**
> **heavies.**
> Thug siad na guairillí
> isteach.

heck

> **What the heck do I care?**
> Nach cuma sa tiuc
> liomsa?
> **What the heck are you**
> **doing?**
> Cad sa tiuc atá á
> dhéanamh agat?
> **There were a heck of**
> **a lot of people there.**
> Bhí gach Críostaí agus a
> mháthair ann.
> **just for the heck of it**
> le teann ábhaillí amháin

heebie-jeebies

> **He gives me the heebie-**
> **jeebies.**
> Cuireann sé drithlíní
> fuachta liom.

hell

> **the neighbours from**
> **hell**
> na comharsana as ifreann
> **He gave us hell.**
> Tharraing sé na diabhail
> as ifreann orainn.
> **to make a hell of an**
> **noise**
> raic an diabhail a
> tharraingt
> **What the hell does she**
> **want?**
> Cad sa diabhal atá

uaithi siúd?

Hell, I don't know!
A Dhiabhail, níl a fhios
agamsa!

for the hell of it
le teann diabhlaíochta

hell-hole

It's a hell-hole.
Is poll ifrinn é.

hellish

It was hellishly hot.
Bhí sé chomh te le
hifreann.

**I had a hellish
headache.**
Bhí tinneas cinn damanta
orm.

hiccough

**There was a hiccough
or two in the new
program.** Bhí snag nó
dhó sa chlár nua.

hick *(clodhopper)* cábóg

high

(on drugs) **to be high**
bheith i dtámhnéal

to be high and dry
bheith ar an trá
fholamh

hightail

He hightailed it home.
Rith sé abhaile go
maolchluasach.

hike

Take a hike!
Breast thú!

hip

It's the hip thing to do!
Sin mar a dhéantar é
inniu!

to be hip
bheith san fhaisean

history

He's history.
Tá a phort seinte.

hit

to hit the road
an bóthar a bhualadh

to hit the bottle
dul ar na cannaí

**He has hit the big time
now.**
Tá sé i gcaidreamh na
mboc mór anois.

(drinking) **That hit the
spot.**
Sin go díreach an rud a
bhí uaim.

**You've hit upon
something there.**
Tá rud éigin aimsithe
agat ansin.

He was hitting on her.
Bhí sé á mealladh
(le bladar) chun
suirí.

hitch 1
> **without a hitch**
> gan tuisliú

hitch 2
> **to get hitched**
> an snaidhm a cheangal;
> pósadh

hit-man dúnmharfóir
gairmiúil

hogwash buinneachántacht
> **He's talking hog-wash!**
> Níl ina chuid chainte ach
> buinneachántacht!

hole poll; *(dump)* failín,
ballóg
> **to be in a hole**
> bheith i sáinn
> **I need it like I need a**
> **hole in the head.**
> Ní bheadh ach sin ag
> teastáil uaim anois!

holy
> **Holy smoke!**
> Dia idir sinn agus an t-olc!

homo homaighnéasach,
aerach, Alfóns, buachaill
tóna, cúlaí, cúldoirseoir,
fagóid, fear aerach, fear
an chaipín bháin, fear
chúl-dorais, Neans,
piteog, Taghd Tóna, Úna

Ní Mhagairlí, Úna na
Magairlí Móra.

honey
> **Hi, honey-bunch!**
> Haigh, a pheata mo
> chroí!

honker *(nose)* gaosán, smuilc

hooch poitín

hoodlum buarthóir

hooey breallántacht

hooked
> **I'm hooked on jazz.**
> Tá mé tugtha don
> snagcheol.

hooker *(whore)* meirdreach

hooligan amhas
> **gang of hooligans**
> gramaisc d'amhais

hoot
> **He's a real hoot!** Is mór
> an chraic é!, Chuirfeadh
> sé sna trithí dubha ag
> gáire thú!

hop 1
> **I was caught on the**
> **hop.**
> Fuarthas bóiléagar
> orm.

hop 2
> **Hop it!**
> Tóg ort!

HOPPING

hopping

> **She was hopping mad.**
> Bhí sí ina caor bhuile.

horn adharc

horny adharcach, bod ina sheasamh

> **He's horny!**
> Bod ina sheasamh é!
> *(US)* **She was horny!**
> Bhí sise faoi adhall.
> **He was horny last night.**
> Bhí sé go hadharcach aréir.
> **horny little bastard**
> bastairdín beag adharcach

horror

> **That child is a little horror.** Chuirfeadh an páiste sin an croí ar crith i naomh.
> **Horror of horrors!**
> Uafás na n-uafás!

horse-shit cacamas capaill

hots

> **She has the hots for him.**
> Níl sí ach á lorg uaidh.
> **She's got the hots.**
> Tá sí faoi adhall.

hot-shot boc mór

> **some hot-shot lawyer**

HUMDINGER

boc mór de dhlíodóir

howanever ar aon nóisín

how-are-yeh!

> **A priest, how-are-yeh!**
> Agus é ina shagart, slán mar a n-insítear é!

how's-your-father

> **a bit of how's-your-father**
> dreas beag den rud sin eile

huff stuaic

> **She went off in a huff.**
> D'imigh sí léi agus stuaic uirthi.
> **He is in a huff.**
> Tá stuaic air.

huffy

> **to get huffy**
> dul chun stuaice

hullabaloo ruaille buaille

> **to make a hullabaloo**
> ruaille buaille a thógáil

hum

> **He hummed and hawed.**
> Bhí sé ag stagarnaíl.
> **Things are beginning to hum.**
> Tá beocht ag teacht sa scéal.

humdinger

> **I had a humdinger of a**

headache.
Bhí mo cheann á
scoilteadh.
humdinger of a mistake
dalbacht mhór de
bhotún

hung
He's well-hung!
Tá trealamh capaill faoi.

hunk fámaire, balcaire
(teann)
He's a hunk!
Is fámaire é!
What a hunk!
A leithéid de bhalcaire!

hunky-dory
**Everything is hunky-
dory!**
Bíonn gach uile shórt go
seoigh!

hurting
He's hurting!
Tá sé gonta ina chroí
istigh.

hush money breab a íoctar
do dhuine chun é a
choimeád ina thost,
airgead tosta

hustle 1 driopás
**the hustle and bustle of
city life**
fuadar agus driopás shaol
na cathrach

hustle 2 gadaíocht ghasta a
dhéanamh *(ar)*
**He hustled me out of
my money.**
Bhain sé m'airgead díom
trí chaimiléireacht
ghasta., trí chalaois.

hustler fear gaimbín

hustling gadaíodht
ghasta; gaimbíneachas
**He's always hustling
people.**
Is mór an fear gaimbín é.

hype líonrith
**There was a lot of hype
in the media.** Tháinig
líonrith mór ar lucht na
meán cumarsáide.

hyper
The child is hyper.
Tá an páiste hipear.
**I thought that she was a
bit hyper yesterday.**
Cheap mise go raibh sí
pas beag spadhrúil inné.

I

ice
**to break the ice at a
party**

leac an doichill a
bhriseadh ag cóisir

icy

**She gave me an icy
reception.**

Chuir sí fáilte an doichill
romham.

idea

What an idea!

A leithéid (de
smaoineamh)!

What's the big idea?

Nach dána an mhaise
duit!

iffy

**Things are looking
iffy for young people
in the job front at
present.**

Tá comhartha ceiste
ann maidir le
postanna do dhaoine
óga faoi láthair.

**I found the brakes were
a bit iffy.**

Ní raibh mé róchinnte
faoi na coscáin.

in san fhaisean, faiseanta

It's the 'in' thing to do.

Is é sin an rud a dhéantar
na laethanta seo.

It's the 'in' place to be.

Téann gach duine

ann anois.

I want in.

Ba mhaith liomsa
bheith páirteach ann.

You're in for it!

Tá tú faoina chomhair!

inside

It was an inside job.

Ba jab chos istigh é!

into

He's really into jazz.

Tá sé tugtha ar fad don
snagcheol.

He was into drugs.

Bhí sé tugtha do na
drugaí.

**I'm not into that sort of
thing.**

Ní bhíonn aon suim
agam i rudaí den sórt
sin.

Irish

That's a bit Irish!

Tá sin ag dul thar cailc!

iron

**I have (cast-) iron
proof.**

Tá cruthú dosheánta
agam air.

item

They're an item.

Is scéal grá iad.

J

Jack 1

Every man jack of you!
An t-iomlán dearg
agaibh!
**before you can say Jack
Robinson**
sula mbeadh 'Dia le
m'anam' ráite agat
He's a Jack of all trades!
Is gobán é ach ní hé an
Gobán Saor!

jack 2

He jacked it in.
Chaith sé an tuáille
isteach.

Jackeen

He's a Dublin Jackeen!
Is Blácliathach bómánta
é!

jackass pleidhce

jam *(music)* seisiún *(ceoil)*
(US) **to be in a jam** *(in
difficulty)*
bheith i sáinn, bheith i
gcruachás

jar

**Do you want to go out
for a jar?**
An bhfuil fonn ort dul
amach do phíobán a
fhliuchadh.

jazz

and all that jazz
agus giuirléidí eile den
chineál céanna

jeepers (creepers)!** Dia
idir sinn agus an t- olc!,
Go bhfóire Dia orainn!

jerk 1 gamal

jerk 2

to jerk off
síol a chaitheamh
**He was jerking off in
the loo.**
Bhí sé ag caitheamh an
tsíl sa tigín beag.
**Stop jerking me
around!**
Ná bí do mo bhodhrú le
hamaidí

jerry-built

jerry-built house
teach gobáin

jiffy

in a jiffy
i bhfaiteadh na súl

jiggered

**Well I'll be jiggered if I
know!**

Diabhal más eol domsa é!

job

Her new house is one of those pre-fab jobs.

Is jab rédhéanta an teach nua sin atáaici.

It was a lovely job.

B'álainn an jab é.

He did a good job on the gutters.

Rinne sé jab maith ar na gáitéir.

It was him who pulled the bank job.

Ba eisean a rinne an jab ar an mbanc.

Joe Soap Seáinín Saoránach

What would your average Joe Soap say about that? Cad a déarfadh Seáinín Saoránach *(na sráide móire)* faoi sin?

john leithreas, a seomra beag

(US) **I have to go to the john.**

Caithfidh mé dul go dtí an seomra beag.

johnny

to wear a johnny

coiscín a chaitheamh

joint 1

He spends the whole

day in some drinking joint. Caitheann sé an lá ar fad i síbín éigin.

(dump) **What a joint!**

A leithéid de bhallóg!

joint 2

to smoke a joint

toitín féir a chaitheamh

joyrider spraoithiománaí

joyriding

spraoithiomáint

juice *(petrol)* breosla

jump

to jump a person

teacht aniar aduaidh ar dhuine

junk

junk food

mearbhia

It's a piece of junk.

Is earra gan mhaith é.

junkie andúileach, drugaí

(US) **He's a junk-food junkie.**

Andúileach mearbhia é.

K

keel over

He keeled over and died.

KEGGER

Thit sé i ndiaidh a mhullaigh agus fuair sé bás.

kegger *(US)* cóisir bheorach
keyed-up tógtha
kick 1
   (US) **I got a kick out of that karaoke machine.**
   Bhain mé craic as an mheaisín cáirióice sin.
   He does it for kicks
   Ar mhaithe le spórt a dhéanann sé é.
kick 2
   He kicked the bucket.
   Chuaigh sé ar shlí na fírinne., Chroch sé suas a chóta.
kill 1
   He went in for the kill.
   Chuaigh sé isteach chun an buille scoir a thabhairt.
kill 2
   I'd kill for a beer.
   Thabharfainn a raibh agam le beoir a ól.
   She was dressed to kill.
   Bhainfeadh na héadaí a bhí uirthi an t-amharc as an dá shúil agat!
   to kill time
   am a mheilt

KISS

She nearly killed herself laughing.
Ba bheag nár mharaigh sí í féin leis an gháire.
killer
   This work is a killer.
   Tá marú duine san obair seo.
killing
   to make a killing
   brabús abhalmhór a dhéanamh
kinky ait, corr
   kinky sex
   gnéas ait
   kinky clothes
   éadaí aisteacha
   kinky ideas
   smaointe corra
kip
   I didn't get much kip.
   Níor chodail mé aon néal.
   That place is a right kip.
   Is bothóg cheart an áit sin.
kiss
   You can kiss good-bye to your new job.
   Is féidir leat slán a fhágáil le do jab nua.
   Kiss my ass!
   Póg mo thóin!

KISS-AND-TELL STORIES

kiss-and-tell stories
scéalta grá ar son pá

kisser gob

kit
Get your kit off!
Bain díot!

kite
Go fly a kite!
Imigh leat agus ná bí faoi mo chosa anseo!
He was as high as a kite on E.
Bhí sé as a cheann ar E.

kittens
She'll have kittens when she finds out.
Beidh sí thairsti féin nuair a gheobhaidh sí amach.

klutz ciotachán
(US) **He's a real klutz!**
Is ciotachán ceart é!

knack sás
She has the knack of doing it.
Tá sás a dhéanta aici.
He has the knack of saying the right thing.
Tá deis a labhartha aige.
He has the knack of saying the wrong thing.

KNEES-UP

Fág aige siúd an focal míchuí a rá!

knacker bligeard
*(the original sense is: **ceannaí capaill**, but now it has a more pejorative meaning: 'thieving tramp')*

knackered
I'm knackered.
Táim tnáite críochnaithe., Tá mé tugtha traochta., Táim ag titim ar mo chosa., Táim ar mo chosa deiridh.

knees-up cumáile *(comes from: 'come-all-ye', which is the opening line of many Irish ballads. Then it also became the name for a session of music and dancing.)*
We had a fine knees-up last night.
Ba bhreá an cumáile a bhí againn aréir.

knee-trembler suirí seasta
He got knee-trembler out of her last night.
Rinne sé suirí tóin le balla léi aréir.

KNICKERS

knickers triúisín
Don't get your knickers in a twist.
Ná caill do ghuaim!

knicker-ripping gnéas fiáin
He goes out knicker-ripping of a Saturday night. Téann sé amach ag seilg scuabóige oíche Dé Sathairn.

knob bod; bligeard
He's a knob!
Is bod balbh é!
The same to you with knobs on!
Gurab amhlaidh duit agus mórán eile lena chois!

knock
Don't knock it before you've tried it yourself!
Ná déan beag de sular thriail tú féin é!
You knocked that one on the head.
Chuir tú deireadh iomlán leis an cheann sin.
to knock off work
eirí as obair
Did you see my keys knocking about here somewhere? An bhfaca

KNOCKERS

do m'eochracha ar foluain thart áit éigin anseo?
They used to knock about together in their youth. Bhídís ag bualadh timpeall lena chéile le linn a n-óige.
Mick was knocking 'em back.
Bhí Mick ag taoscadh siar.
That knocked me back a dollar or two! Bhain sin pingin nó dhó as mo phóca.
Knock it off!
Cuir uait é!
to knock up a girl clú chailín a mhilleadh, máthair a dhéanamh de chailín, féirín (bog) a fhágáil le cailín, cailín a chur ó chrích, (BÁC) cailín a chur sa chlub

knock-back
I had a knock-back.
Baineadh siar asam.

knockers (large breasts) juganna, pardóga, máilíní mórtais, mulláin na mban, cloig, sléibhte,

KNOCKING-SHOP

cnoic (an tsonais)

Hasn't that one got a lovely pair of knockers on her. Nach deas iad na pardóga atá uirthi siúd.

knocking-shop teach suirí, lóistín leathair, siopa scuabóige, drúthlann, teach gan rath, tigh an tsolais dheirg, teach an chraicinn.

knot

to tie the knot
an tsnaidhm a cheangal, pósadh

knotted

Get knotted!
Dul abhaile leat anois!

know-all

He's a real know-all.
Ceapann sé gurb eisean féin foinse an uile eolais é.

know-how saineolas

She has the know-how.
Tá an saineolas aici siúd.

kybosh caidhp báis

That was what put the kybosh on everything.

LAGER LOUT

Ba é sin a chuir an caidhp báis ar gach rud.

L

lad leaid

He's a bit of a lad!
Bíonn ábhairín den bhuachaill báire ann.

the lads
na leaideanna

He gone out for a couple of pints with the lads.
D'imigh sé leis cúpla pionta a ól lena chomrádaithe.

laddish

He's a bit too laddish!
Bíonn an iomarca den bhuachaill báire ann.

la-di-dah

She was very la-di-dah when she was talking to him last night.
Chuir sí tiúin ina teanga agus í ag caint leis aréir.

lager lout

He's nothing but a

LAID-BACK

lager lout.
Níl ann ach bithiúnach
(an) óil.
laid-back réchúiseach
You have been very laid-back of late.
Ní bhíonn tú ag cur aon
stró ort féin le déanaí.
He looked very laid-back about it all.
Ba é an dealramh a bhí
air go mba chuma leis
faoi gach rud ar fad.
lame bacach
lame excuse
leithscéal bacach
lame-brain
He's a lame-brain.
Níl mórán idir na
cluasa aige.
Don't be such a lame-brain!
Ná déan leathamadán
díot féin!
landed
He landed up in jail because of it.
Ba é an príosún a bhí
mar cheann scribe
aige dá bharr.
I was landed with all the hard work.
Fágadh cúram na hoibre

LAUGH

crua go léir ormsa.
He always lands on his feet.
Tagann sé anuas ar a
chosa i gcónaí.
lap-dance
Let's go to the lap-dance bar.
Téimis go dtí beár na
nglúin-damhsóirí.
lap-dancer glúin-damhsóir
lark 1
to do it for a lark
é a dhéanamh ar son
spraoi
lark 2
They were larking about in Dublin.
Bhí siad ag déanamh aeir
dóibh féin i mBlá Cliath.
last-ditch
to make a last-ditch attempt
buille scoir a thabhairt ag
an nóiméad deireanach
late-comers straigléirí
laugh
I did it just for a laugh.
Ar son spóirt amháin a
rinne mé é.
What a laugh!
Níl ann ach cúis gháire!

LAW

Don't make me laugh!
Ná cuir ag gáire mé!
If I get this exam I'll be laughing!
Má éireoidh liom sa scrúdú seo, beidh mé ar muin na muice!

law

Let's go, it's the law!
Imímis, tá na píléir anseo!

lay 1

She's a good lay.
Bíonn sí go maith sa leaba.
She's an easy lay.
Dáileann sí í féin amach go fial.
Did you get laid last night?
An bhfuair tú an craiceann aréir?

lay 2

Lay off the booze!
Leag uait an diúgaireacht *(shíoraí)*!
Will you ever lay off!
Nach ligfeá do dhuine!

lazy-bones giolla na leisce
Get up, you lazy-bones!
Éirigh suas, a ghiolla na leisce!
He's a real lazy- bones!

LESBIAN

Is leadaí na luaithe é!
Don't be a lazy-bones!
Ná bí i do liúdramán

lead

Get the lead out! Ná bí chomh costrom sin!, Cuir díot an luaidh luaidhe agus déan deifir éigin!

leg

He got his leg over last night.
Bhuail sé an craiceann aréir., Bhí sé ag marcaíocht aréir., Bhí sé in airde/sa diallait aréir., Fuair sé an leathar aréir.
Shake a leg!
Déan tú féin a bhogadh!
He legged it.
Bhain sé na bonnaí as an áit.

legit

This is all legit!
Níl aon 'ar chúl scéithe' ag baint leis seo!

legless

He was legless on Friday night.
Bhí na cosa á lúbadh faoi leis an ól oíche Dé hAoine.

lesbian leispiach, bean n'

tuí, Breanda na
Breille, Brídín na pluaise
dorcha, gliaire
na gáige, Síle na ngág,
strapairlín;
(also more commonly
meaning 'tom-boy')
buachaill báire,
Muireann i mbríste.

lick

He's a lick.
Is maidrín lathaí é.

lie-in

to have a lie-in
codladh go headra

life

Get a life!
Tar ar do chiall!, Bíodh
ciall agat!

light

The light's are on, Ted,
but there's nobody
home! Tá na soilse ar
lasadh, Ted, ach níl
éinne sa bhaile!

lighten

Lighten up, will you!
Ná dean glámhánach
iomlán díot féin!, Ná bí i
do chlamhsán cruthanta!

like

Have you ever seen the
like?

An bhfaca tú a leithéid
riamh!

He just laughed, like.
Ní dhearna sé ach gáire,
bhfuil 'is at.

Like I care!
Agus tá mise buartha
faoi! *(see also: Go 2).*

lip

Less of your lip!
Ní beag de ghearrchaint
sin uaitse!

lip-service
béalghrá

load

It's a load of rubbish.
Is carn bruscair é.

It's a load of crap!
Is carn aoiligh é!

I have loads of work to
do.
Tá carn mór oibre le
déanamh agam.

loaded

They are loaded with
money.
Tá lob mór airgid acu
siúd., Tá na múrtha
acu.
(drunk) dallta ag an ól

loco

He's loco.
Tá lúb ar lár ann.

loll

> **to be lolling about**
> bheith ag sínteoireacht
> timpeall

lolly

> **They've loads of lolly.**
> Tá lob mór acu siúd.

loo tigín beag, an
> seomra beag, tigh
> an asail
> **I'll just pop into the
> loo.**
> Buailfidh mé isteach sa
> tigín beag.
> **Where's the loo?**
> Cá bhfuil an seomra
> faoisimh?

looker

> **She's a real looker.**
> Is mór an chuid súl í.

loon

> **He's a loon!**
> Is madra mire é!

loony-bin

> **He's in the loony-bin.**
> Tá sé i dteach na ngealt.

loopy

> **She's loopy.**
> Is duine le Dia í.

loose

> **to be on the loose**
> ag imeacht le scód
> **I'm at a loose end.**

Táim tuirseach de mo
dhóigh.

loot creach

lorry

> **It fell off the back of a
> lorry.**
> Thit sé anuas den chairt.,
> Goideadh é.

lose

> **He lost his cool.**
> Chaill sé guaim air féin.
> **Get lost!** Go dtóga an
> diabhal thú!, Bain as!,
> Croch leat!

lounge

> **to be lounging about**
> bheith ag leadaíocht

lout bodach

louse 1

> **He's a louse!**
> Is sor é.

louse 2

> **to louse up the whole
> thing**
> cifle a dhéanamh den
> rud iomlán

lousy

> **He gave me a couple of
> lousy dollars for
> all my work!** Thug sé
> cúpla dollar suarach
> dom ar son mo chuid
> oibre go léir.

LOVE

What a lousy thing to do.
Nach é an suarachas féin a leithéid a dhéanamh.
We had a lousy time we had.
Ba shuarach an t-am a bhí againn.

love
I'm home, love!
Tá mé sa bhaile, a stór!
Be a love and get me the coffee!
Bí go deas is faigh an caife dom!
to make love to her
grá a dhéanamh léi, suirí léi
Will you make love to me?
An luífidh tú liom?
Make love not war!
Grá in áit cogaidh!

love affair cumann grá
They are having a love affair.
Bíonn siad ag suirí lena chéile.

love handles hanlaí grá
(US) **Bím ag rith chun ruaig a chur ar na hanlaí grá.**
I am running to get rid

LOW

of the love-handles.

love-hate grá seal gráin seal
They have a love-hate relationship.
Grá seal gráin seal an caidreamh a bhíonn acu.

lover
He's a lover of opera.
Is duine mór ceoldrámaí é.

lover-boy
Is lover-boy coming over tonight?
An bhfuil an gheanpharóid ag bualadh isteach anocht?

lovey-dovey
And now they're all lovey-dovey again.
Agus anois bíonn cad é boghaisíní grá eatarthu arís.

low
He's a bit low these days.
Bíonn sé in ísle brí na laethanta seo.
Things are really at an all-time low in football today.
Bíonn cúrsaí in umar na haimléise maidir

leis an pheil inniu.

lug
> **I don't want to be lugging a coat round with me!** Ní theastaíonn uaim bheith ag streachailt cóta timpeall liom!

lughole poll na cluaise
> **He whacked me in the lughole.**
> Thug sé boiseog sa chluas dom.

lumbered
> **I got lumbered with everything.**
> Carnadh gach uile shórt ormsa.

luv(vy) a stór, a stóirín

M

mad
> **He's mad about her.**
> Tá sé scafa chuici.
> **I was working like mad.**
> Bhí mé ag obair ar nós an diabhail féin.

madam
> **She's a bit of a madam.**
> Bíonn iarracht den bhean

mháistriúil inti.

madman gealt, fear buile

madhouse teach buile
> **It's like a mad-house here.**
> Tá an áit seo cosúil le teach gealt.

madness buile
> **It's sheer madness to do it.**
> Díth céille ar fad é a leithéid a dhéanamh.

make 1
> **He's on the make.**
> Ag dul ar an mbreis atá sé.

make 2
> **Make like you know nothing.**
> Lig ort féin nach bhfuil dada ar eolas agat.
> *(US)* **Try not to make waves!**
> Déan iarracht gan an t-achrann a thógáil.

man
> **Who's your man over there?**
> Cé hé mo dhuine thall ansin?

manky míolach

marbles
> **He's lost his marbles.**

MATE

Chaill sé é., Chaill sé a
chiall.

mate comrádaí, cara
school mate
comrádaí scoile
Thanks, mate!
Go raibh míle, a chara
dhil!
He's no mate of mine!
Ní aon chara domsa
eisean.

matey
Watch yourself, matey!
Fainic thú féin, a mhic ó!
**Don't get too matey
with with him.**
Ná héirigh ró-chairdiúil
leis!

max 1
working to the max
ag obair ar lánluas
It will take a week, max.
Tógfaidh sé seachtain ar
a mhéad.

max 2
(US) **I'm maxed out at
work. I need a break.**
Táim spíonta ar fad
ag an obair. Tá sos
de dhíth orm.

mean
(US) **She's a mean
dancer!**

MERCHANT

Is deacair í a shárú ar
urlár rince!
(US) **Liam makes a
mean mussel curry!**
Ní don té fannchroíoch
curaí diúilicíní de chuid
Liam!

meat
You're dead meat!
Jab don adhlacóir tusa!

mega- *(US)* ábhal-, oll-
It's mega-big.
Tá sé go hábhalmhór.
mega-careful
oll-aireach
**They are making mega-
strides in genetics.**
Bíonn ábhalchéimeanna
á dhéanamh acu sa
ghéineolaíocht.
**They are really mega-
rich.**
Tá gach uile shórt
d'ollmhaitheas acu siúd.

megabucks *(US)* airgead
ollmhór

merchant
**He's a bit of a speed
merchant when he's
in his car.** Bíonn sé sórt
tugtha don luas mór agus
é ag tiomáint a chairr.
gossip merchants

MERRY
lucht an bhéadáin

merry *(slightly drunk)*
meidhreach, súgach

mess 1
Stop messing!
Cuir uait an
phleidhcíocht!
He was messing about.
Bhí sé ag pleidhcíocht
thart.

mess 2 prácás
What a mess!
A leithéid de phrácás!
to make a mess of it
prácás a dhéanamh de
Everything was in a
mess.
Bhí gach rud
bunoscionn.

messer pleidhce;
(botcher) ablálaí
He's a dreadful messer.
Is pleidhce/ablálaí
uafásach é.

messy
messy work
obair ablála
He's a dreadfully messy
eater.
Slupairt mhillteanach atá
ann.
Aren't you the messy
pup!

MILLION DOLLARS
Nach tú an dailtín
scrábach!

Mick *(Irishman)* Páidí
Stop taking the mick!
Ná bí ag déanamh
magarláin díom!

Mickey Finn deoch suain
She gave him a Mickey
Finn.
Thug sí deoch suain dó.

Mickey Mouse
(US) **It's a real Mickey**
Mouse concern.
Is gnó-bhothán-mo-
mháthar é gan aon
dabht.

Mike
For the love of Mike!
In ainm Chroim!

miles
That's miles better.
Tá sin i bhfad Éireann
níos fearr.

million dollars
(US) **You look like a**
million dollars.
Tá cuma ort faoi mar a
bheadh an Lotto buaite
agat.
(US) **Not for a million**
dollars!
Ní ar airgead uile an
domhain!

mind

He's out of his mind with worry.
Tá sé as a mheabhair le teann imní.

mind-blowing

It was mind-blowing.
Ba bhuille treascrach é.

minder feighlí

I don't need a minder.
Ní bhíonn feighlí pearsanta de dhíth ormsa.

missis

Is the missis at home?
'Bhfuil an mháistreás sa bhaile?, 'Bhfuil í féin sa bhaile?

mitts lapaí

Get your mitts off me!
Bain do lapaí díom!

mix-up meascán mearaí

There was a bit of a mix-up.
Tharla meascán mearaí.

There was a mix-up over dates.
Meascadh suas na dátaí.

mo

Wait a mo!
Fan soic!

mob gramaisc
(US) **the Mob**

drong choiriúil, na gangstaeir

mobster *(US)* gangstaer

money

He's in the money now.
Tá sé ag carnadh an airgid anois.

monkey 1

monkey business
pleidhcíocht

to have a monkey on one's back
bheith go mór faoi anáil na ndrugaí

monkey 2

He's always monkeying around with her!
Bíonn sé i gcónaí ag gleacaíocht timpeall léi.

monty

the full monty
gan snáithe ort

He did the full monty.
Rinne sé struipeáil go dtí nach raibh snáithe ar bith fágtha air féin.

moo

She's a silly moo!
Is bó cheart í!

mooch

to mooch about
ag scraisteacht timpeall

MOODY

moody spadhrúil
> **He's a moody person.**
> Is duine spadhrúil é.
> **She's a bit moody today.**
> Tá stodam de shórt uirthi
> inniu.

mooning
> **He was mooning in front of the girls.**
> Bhí sé ag taispeáint
> a mhása nochta os
> chomhair na gcailíní.

moonshine poitín
> **making mooshine**
> ag déanamh poitín

morning glory adharc fir ar
éirí dó ar maidin
> **What's the story, morning glory?**
> Cén scéal é, a adhairc
> ghlé, i dtús an lae?

moron uascán
> **He's a useless moron!**
> Is uascán gan mhaith é!

moronic uascánta
> **I've never heard anything so moronic in all my life.** Níor chuala
> mé aon rud chomh
> huascánta sin le mo
> shaol.

mother-fucker *(Nothing quite as strong in the*

MOUTH

Irish language)
> **Some mother-fucker stole my pen!**
> Ghoid collach cholaí
> éigin mo pheannsa!
> *(**collach** = crude person;*
> ***colaí** = incest)*

mother-fucking *(Nothing quite as strong in the Irish language)*
> **Where's that mother-fucking bastard gone now?** Cá bhfuil an
> bastard corbach de
> chollach cholaí imí'
> anois?

motormouth buimbiléir,
béal mór, béal scaoilte,
gleoisín, glagaire,
giolcaire, geabaire,
scaothaire

mouth 1
> **You've a big mouth!**
> Tá lúth na teanga leat!,
> Tá béal chomh
> mór le Doire ort!
> **Watch your mouth!**
> Éist do bhéal!
> **He's a mouth!**
> Tá béal scaoilte air.

mouth 2
> **He was just mouthing off!**

Ní raibh sé ach ag
geabaireacht.

mouthful

You've said a mouthful!

Ní beag a bhfuil ráite agat!

move 1

to get a move on

brostú

Let's get a move on!

Cuirimís chun siúil!

(US) **He made a move
on her.**

Thriail sé dul léi.

move 2

Move your ass!

Bog do thóin!

muck

I never read such muck.

Níor léigh mé choíche
salachar dá leithéid.

He only eats muck.

Ní itheann sé ach prácás
bia.

**to be raking up muck
on him**

bheith ag tochailt faoina
cháil

mug 1

an ugly mug

smutmosach

**I looked like a right
mug.**

Bhí cuma an dobhráin

chruthanta orm.

mug-shot

gnúis-ghrianghraf

I felt like a mug.

Mhothaigh mé mar
iascaire *(ag obair)* i siopa
táiliúra.

mug 2

**to mug person in broad
daylight**

duine a mhugáil i lár an
lae ghil

muggins

**And muggins here does
all the work.**

Agus mise, an sclábhaí
paróiste a dhéanann an
obair go léir.

**No one knows that
better than muggins
here!** Níl éinne is fearr
a fhios sin ná atá ag an
mac seo!

mule

**He's as stubborn as a
mule.**

Tá sé chomh ceanndána
le muc.

He's hung like a mule.

Tá trealamh asail faoi.

murder 1

It was murder.

Bhí sé cosúil le hifreann

MURDER

(ach níos measa fós).

Standing all day is murder on your feet! Is fearr pianta ifrinn ná bheith i do sheasamh ar do chosa an lá ar fad!

murder 2

I could murder a smoke now!

D'fhéadfainn m'anam a dhíol d'fhonn gal a chaitheamh ag an nóiméad seo!

mush

Hey, mush, what are you doing there? Hóigh, a mhicín, cad tá á dhéanamh agatsa ansin?

(US) **That's total mush and you know it!**

Is amaidí iomlán é sin agus tuigeann tú go maith é!

N

nab

I want to nab Seán before he leaves.

Teastaíonn uaim greim a bhreith ar Sheán

sula n-imíonn sé.

naff

Naff off!

Breast thú!, Gread leat!

nagging

nagging pain

pian chéasta

nagging worry

imní gan staonadh

nagging doubt

amhras dochloíte

namby-pamby

He's a namby-pamby type.

Is boigeartán é.

nancy-boy piteog, neans

nap

to have a nap during the day

néal a chodladh a fháil i gcaitheamh an lae

He was caught napping.

Rugadh gairid air.

narked

I was narked when I heard.

Bhí múisiam orm nuair a chuala mé.

narky

narky person

duine cantalach

nasty
**She's a nasty piece of
work.**
Is mailíseach an raicleach í.

natter
to have an natter
cadráil a dhéanamh
**to spend the whole
night nattering away**
an oíche ar fad a
chaitheamh ag cadráil

neat
**That was neat, the way
you did that!**
Ba dheaslámhach an tslí
a ndearna tú é sin!
Neat idea!
(BÁC) Smaoineamh
néata!

neck
**They were neck and
neck!**
Bhí siad gob ar ghob!
She has a hell of a neck!
Nach dána an t-éadan atá
uirthi!
You've got some neck!
Nach dána an mhaise
duit!
I'll get it in the neck!
Beifear anuas ormsa
dá dheasca!

needle
to needle a person
duine a ghriogadh
**He's always needling
me.**
Bíonn sé do mo
ghriogadh i gcónaí.

nelly
Not on your nelly!
Ní ar ór na cruinne!

nerd saoithín
He's a computer nerd.
Is saoithín
ríomhaireachta é.

nerdy leamh
**It's a nerdy thing
to do.**
Is rud é a dhéanfadh
saoithín.

never-never
on the never-never
ar cíoscheannach

nibs
his nibs
é féin
her nibs
í féin
their nibs
iad féin
Is his nibs at home?
An bhfuil é féin sa
bhaile?

NICE

NOSE

nice

Nice one, Seán!
Ceann deas, a Sheáin!

nick 1

in the nick of time
ar an nóiméad lom
a car that's in fairly good nick
carr a bhfuil bail mheasartha mhaith air

nick 2

to nick a pen
peann a sciobadh
He got nicked for shoplifting.
Gabhadh i mbun gadaíocht siopa é.

nickel

It's not worth a nickel.
Ní fiú cianóg rua é.

nifty

It's a nifty gadget.
Is snasta an gaireas é.

nipper *(child)* giotachán

nip 1

There's a nip in the air.
Tá bearradh fuar san aer.

nip 2

We had better nip that in the bud.
B'fhearr dúinn é sin a mharú san ubh.

nippy feanntach

It's a bit nippy today.
Tá sé pas beag feanntach inniu.

nit(wit)

You're a right nit!
Is cloigneachán ceart thú!

nob *(eejit, geek)*

I can't stand him –he's a nob.
Ní féidir liom cur suas leis – is gámaí é.
(see also: knob)

noddle blaosc, cloigeann

Use your noddle!
Bain úsáid as a bhfuil idir na cluasa agat!

no-no

It's a no-no.
Ní dhéantar é sin.

nookie

to have a bit of nookie
dreas den lapadaíl leapa a dhéanamh

nose 1

She had a nose job done.
Rinneadh máinliacht athdheilbhithe ar a srón, Rinneadh jab ar a srón.

Keep your nose clean!
Ná cuir smál ar do chóipleabhar!

She has a nose for bargains.
Is maith an tsúil atá uirthi i gcomhair margaidh ar bith.

nose 2
    to be nosing about
    bheith ag sróiníneacht/ smúrthacht timpeall

nosy-parker giolla gan iarraidh, geafaire
    Don't mind that nosy-parker!
    Ná bac leis an gheafaire úd!

nothing doing
    Are you going to help her? Nothing doing!
    An bhfuil tú chun cabhrú léi? Baol orm!

nowt faic
    There was nowt left.
    Ní raibh oiread na fríde fágtha.

nudge nudge, wink wink...
    He's her friend, nudge nudge, wink wink.
    Is eisean a cara agus is leor sméideadh don dall nó leathfhocal i gcluas an bhodhair.

nuke
    (US) **Nuke the lot of them!**
    Scroistear iad go léir le buamaí núicléacha!

number
    His number is up.
    Tá a chnaipe déanta.

numb-skull balbhán

nut gealt

nutcase
    She's a nutcase.
    Tá sise le broim.

nuthouse gealtlann, teach na ngealt
    in the nuthouse
    i dteach na ngealt

nuts
    He's nuts.
    Tá sé le broim.
    She's going nuts.
    Tá sí ag gabháil le broim.

nutter duine craiceáilte
nutty craiceáilte

O

oddball
    He's an oddball.
    Is diabhal corr é. Is duine le dia é.

ODDS

odds

It makes no odds!
Is é an dá mhar a chéile é!

It makes no odds what I say.
Is cuma cad a déarfaidh mise!

What are the odds?
Cad é an corrlach?

off-the-wall

This kind of advertising is really off-the-wall.
Ní bhíonn bun ná barr ag baint lena leithéid d'fhógraíocht!

oik cábóg

Don't tell me you're going out with that oik? Ná habair liom go bhfuilir ag dul amach leis an gcábóg sin!

old

the old-fellow at home
an seanleaid sa bhaile

the old woman
an tseanbhean

oldie

the golden oldies
na pinsinéirí órga

on

Are you on for the Saturday?

OODLES

'Bhfuil tú ceart go leor don Satharn?

I'm on!
Táim réidh!, Beidh mise ann!

I'm not on!
Fágtar mise as!

He took my hat on me.
Thóg sé mo hata orm.

What's he going on about all the time?
Cad faoi a bhfuil seisean ag geoiníl an t-am ar fad!

He's always going on at me.
Bíonn sé i gcónaí sáite asam.

one

He's had one to many.
Bhí braon thar an gceart ólta aige.

I thumped him one.
Ghabh mé de mo dhorn air.

You're a right one, you are!
Bheul, nach tusa an páit!

oodles

They have oodles of money.
Tá an dúrud airgid acu.

We've oodles of that stuff.

OOMPH

Tá na múrtha den stuif
sin againn.
We've oodles of time.
Tá greadadh den am
againn.
Oodles of fun!
Spraoi síoraí!

oomph
**That song lacks any
oomph.**
Níl aon spionnadh san
amhrán sin.
A drink that has oomph!
Deoch a bhfuil cic inti!

orgasmic
**This chocolate is
orgasmic!**
Tá an tseacláid seo níos
fearr ná an gnéas
é féin!

OTT thar fóir (ar fad)
That's OTT!
Ta sin thar fóir!
**If you ask me this new
wallpaper is really OTT.**
Dá gcuirfeá an scéal i mo
cheadsa déarfainn féin go
bhfuiltear ag dul thar fóir
ar fad leis an bpáipéar
balla nua seo!
**She went completely
OTT when she heard
about it.** Chuaigh sí as a

PACK

crann cumhachta ar fad
nuair a chuala sí faoi.

out 1
He's out of it.
Tá sé caite i gcártaí.
I felt a bit out of it.
Mhothaigh mé nach
raibh iarraidh orm.
She really went all out.
Rinne sí a seacht
ndícheall.
Hear me out!
Éist liom go deireadh mo
scéil!
**That was a bit out of
order**!
Bhí sin ag éirí pas beag
iomarcach.

out 2
She was outed.
Sceitheadh an scéal
uirthi.

P

pack
(US) **He was packing a
piece.**
Bhí gunna faoi cheilt
aige.
I sent him packing!

PACKET   PARTY

Thugas an bóthar dó!
**It's time for us to pack
it in.**
Tá sé in am dúinn an
tuáille a chaitheamh
isteach.
(plural) **Pack it in!**
Eirígí as!

packet
That cost a packet.
Bhí paicéad airgid air sin.
She earns a packet.
Tuilleann sí carn mór
airgid.

pad
**You can crash at my pad
if you want.**
Is féidir leat bualadh
fútsa i mo phrochógsa,
más mian leat?
**He has a small pad in
town.**
Tá pluaisín beag aige sa
chathair.

Paddy Páidín *(Éireannach,
Irishman)*

pain
He's a pain!
Is pian é!
He's a pain in the arse!
Is pian sa tóin é!

pal comrádaí
to become pals with him

mór a dhéanamh leis

pal around
**They palled around
together.**
Bhí siad mór lena chéile.

palsy-walsy
**They became real palsy-
walsy.**
D'éirigh siad an-mhór le
chéile.

pansy *(effeminate man)* piteog

pants
**You scared the pants
off me.**
Is beag nár bhain tú
an t-anam asam leis an
scanradh!
**She bored the pants off
me.**
Chuir sí ciapóga orm.
(rubbish) **That's pants!**
Is amaidí é sin!

paralytic
He was paralytic.
Bhí sé dallta ag an ól.

park
**He parked himself
beside the fire.**
Chuir sé faoi in aice
na tine.

party
He's a real party animal.

Is croí na cuideachta ag
cóisir ar bith é.

party-pooper
seargánach cóisire

pass

She made a pass at me
Chuir sí chun tosaigh
orm., Chaith sí catsúile
liom.

past

He's past it.
Tá a lá imithe.

paws

**Gets your paws of the
money!**
Bain do lapaí den
airgead!

pay-off íocaíocht

peach

She's a peach!
Is aisling *(ina seasamh)* í!

peanuts

**Pay peanuts and you
get monkeys!**
Ní cheannófá capall oibre
ar réal!

We were paid peanuts.
Fuair muid pinginí
mar phá.

pecker

Keep your pecker up!
Ná caill do mhisneach!

pee

I'll just go for a pee.
Scaoilfeadsa cnaipe.

Pee off!
Gread leat!

I felt peed off.
Bhraith mé an-leamh
ionam féin.

**to be peed off with the
whole thing**
bheith bréan tuirseach
den rud go léir.

peep-show gíoc-seó

peeping-Tom gliúmálaí

penny

**I have to spend a
penny.**
Tá orm gnó beag a
dhéanamh.

**Has the penny
dropped?**
'Bhfuil sé ag
maidneachan fós?

perv saofóir

He's a perv.
Is saofóir é!

pew

Have a pew!
Cuir fút áit éigin!

pick up

to pick up a girl
cailín a phiocadh suas

PICKLED

pickled

(US) **He was pickled.**
Bhí Loch Eirne ólta aige.

picnic

It was no picnic.
Ní aon turas aeraíochta a
bhí ann.

piddling

piddling little wage
pá scallta prislíneach

piece

(US) **a piece of cake**
chomh héasca lena
bhfaca tú riamh

(US) **He wants a piece
of the action.**
Bíonn blas den
chomhraic uaidh.

(US) **He was carrying a
piece.**
Bhí arm tine á iompar
aige.

pie

**He has a finger in
every pie.**
Bíonn ladhar i ngach aon
ghnó aige siúd.

It's all pie in the sky!
Caisleáin Óir!

pig 1

pig in a poke
muc i mála

He made a pig of

PISS

himself.
Rinne sé cráin chraosach
de féin.

pig 2

(US) **to pig out**
craoslongadh a
dhéanamh

piggy

**And I was piggy in the
middle.**
Is mise an mála dornála
ina lár.

pigsty

**Your room is a right
pigsty.**
Is brocais cheart é do
sheomra!

pig-ugly

She's pig-ugly.
Tá sí chomh gránna le
muc.

pillock

He's a right pillock.
Is máinléad ceart é.

pinch

at a pinch
más gá

We felt the pinch.
Bhí an ganntanas ag
teannadh orainn.

pinhead ceann cipíní

piss 1

to go for a piss

imeacht chun fual a
dhéanamh

Piss off!

Bain as!

**He was only taking the
piss.**

Ní raibh sé ach ag
scigireacht.

(drunk) **pissed**

bealaithe go mór

Ar you taking the piss?

'Bhfuil tusa ag scige
ormsa?

to go on the piss

dul ar na cannaí

This beer is only piss!

Níl sa bheoir seo ach
múnlach!

piss 1

It was pissing rain.

Bhí sé ag stealladh báistí.,
ag múnadh feathainne.

Stop pissing about!

Éirigh as bheith ag
méiseáil thart!

piss-artist méiseálaí

pissed bealaithe go maith,
go mór

He was pissed.

Ní raibh aithne a bheart
aige.

**She was pissed out of
her mind.**

Bhí dhá thaobh an
bhóthair aici.

piss-take

**This is a piss-take,
right?**

Ag scigireacht atáthar
anois, nach ea?

**Are you on the piss-
take?**

'Bhfuil tusa ag déanamh
ceap magaidh díom?

piss-up

They had a piss-up.

Rinne siad babhta
diúgaireachta.

**We were having a
piss-up.**

Bhí muid ag taoscadh na
gcárt.

pits

It was the pits.

Ba é portach na haimléise
é.

You're the pits!

Is sor salach thú!

plastered

He was plastered.

Ní raibh féith ná
comhaireamh aige.

plastic cárta creidmheasa/
bainc

Do they take plastic?

An nglacann siad le

plaisteach?

Can I pay with plastic?
An féidir liom íoc
as an bhille le cárta
creidmheasa?

plebs
**I don't have anything to
do with those plebs.**
Ní bhíonn aon bhaint
agam leis an ghramaisc
úd!

plonk fíon saor gan mhaith

plonker geoiste

plug
**to pull the plug on the
whole operation**
an gnó iomlán a
chaitheamh i gcártaí

pocket-billards
lárapóg lámh
**He was playing pocket-
billards.**
Bhí an dá lámh ina
phócaí aige agus é ag
imirt leis féin.

poison
Name your poison!
Cad a déarfá le deoch...
ormsa é!

poker-faced aghaidh
dholéite, aghaidh
dhothreáite

poky suarach beag cúng

poky little room
púirín de sheomra

pole
She's up the pole.
(BÁC) Tá sí sa chlub.

ponce 1 piteog

ponce 2
**I haven't time to be
poncing about, I have
work to do.** Ní bhíonn
an t-am agam bheith
ag piteogacht timpeall,
tá obair le déanamh
agamsa.

poncey piteogach
poncey talk
caint phiteogach

pond *(the Atlantic)*
**He went across the
pond.**
Thug sé an loch amach
air féin.
**A big fish in a small
pond!**
Is mór na muca ina gcró
féin.

poo-poo 1 ca-ca
to do a poo-poo
ca-ca a dhéanamh

poo-poo 2
He poo-pooed the idea.
Rinne sé fuis fais/ beag is
fiú den smaoineamh.

poof(ter)
  He's a poofter.
  Is fear an chaipín bháin
  é.
pooh-pooh *(see* **poo-poo 2***)*
pooped tuirseach traochta,
spíonta
  (US) **I am absolutely
  pooped.**
  Tá mé spíonta amach is
  amach.
pop
  (marriage proposal) **to
  pop the question**
  an cheist chinniúnach a
  chur *(ar)*
  (US) **Be quiet or I'll pop
  you.**
  Bí ciúin nó tabharfaidh
  mé buille duit.
  (US) **It's my turn to pop
  for the doughnuts.**
  Ormsa íoc as na
  taoschnónna an babhta
  seo.
Pope
  Is the Pope a Catholic?
  An Caitliceach an Pápa?
porky gaimseog
  to tell porkies
  gaimseoga a insint
potty
  He's potty about her.

  Tá sé splanctha ina
  diaidh.
poxy geabach, míolach
  **a poxy dress of some
  sort**
  gúna gearbach de chineál
  éigin
  poxy teacher
  múinteoir míolach
prat geoiste, pleibiste,
  matalóg
prattler clabaire, glagaire
preggers
  She's preggers.
  Tá sí torrach., Tá sí ag
  teacht abhaile.
pressie féirín
  **to come without a
  pressie**
  teacht is an dá láimh
  chomh fada lena
  chéile
prick *(penis)* beaignit, bod,
  bonsach, breáthacht
  fir, brainse, cab, claíomh,
  fadaíoch,
  feac, feadán, *(small)*
  fear beag, fichillín,
  gallán, gasán, géag,
  lansa, sabhán, *(BÁC)*
  Seán Tomás,
  siogairlín, sleá, slat;
  (person): bod, breall,

PRICK-TEASE   **PULL**

bíc, breallaire, breallán,
breallsún, bodachán,
He's a prick.
Is bod é!
prick-tease bodchlip
prick-teaser bodchlipire
private parts
na baill ghiniúna, seodra
clainne
prize
**No prizes for guessing
who won.**
Níl duais ag dul don té ar
eol dó cé a bhuaigh.
prize fool
amadán duaise, amadán
den chéad scoth
pro 1 *(professional)*
He's a real pro.
Is fíorghairmiúil an tslí
ina ndéanann sé
gach rud.
to go pro.
lainseáil amach go
proifisiúnta
pro 2 *(prostitute)*
I think she's only a pro.
Ceapaim nach bhfuil inti
ach sráidí.
probs
No probs!
Fáilte romhat! *(BÁC)*
(Ní) fadhb ar bith (é)!

pronto
And do it pronto!
Agus déan go pras é!
psycho síceapatach
**He's definately a
psycho.**
Is síceapatach gan aon
dabht é.
pub-crawl ruaig ragairne,
camchuairt na dtithe óil
to go on a pub-crawl
dul ar chamchuairt na
dtithe óil
pub-crawler ruagaire
ragairne (na dtithe óil)
pubes scuabóg
She has nice pubes.
Tá scuabóg dheas uirthi.
to trim the pubes
an scuabóg a bhearradh
puff piteog
He's a puff.
Is piteog é.
puke
(US) **It would make you
puke.**
Chuirfeadh sé aiseag ort.
(US) **He puked his guts
out.**
D'aisig sé a raibh ina
ghoile.
pull 1
He was on the pull.

Bhí sé ar lorg páirtí grá.

He has a lot of pull.

Tá lapa (gruagach) air/
aige.

pull 2

**She worked hard to
break the record and
finally pulled it off.**

Rinne sí obair chrua
chun an churiarracht a
shárú agus sa deireadh
tháinig léi.

**Pull the other one; it's
got bells on!**

(BÁC) Tarraing an chos
eile!, Ná féach le
ceap magaidh a
dhéanamh díomsa!

pump

pumping iron

ag tógáil meáchan

pumped riastartha

He's really pumped.

Tá sé chomh riastartha/
féitheogach le Cú
Chulainn féin.

punch

It lacks punch.

Níl aon chic ann.

**She punched his lights
out.**

D'fhág sí gan aithne gan
urlabhra é.

punk punc

punk music

punc-cheol

punter custaiméir

the usual punters

na gnáthchustaiméirí

push 1

**when push comes to
shove**

nuair a théann an scéal
go cnámh na huillinne

at a push

ar uair na hachainí

push 2

He pushing forty.

Tá sé ar an taobh
mícheart den daichead.

That's pushing it a bit.

Tá sin ag dul pas beag
thar fóir.

Don't push your luck!

Ná cuir an iomarca i do
mhála (gioblach)!

push-button

push-button society

saol na mbrúchnaipí

pushover

It's a pushover.

Is féidir é a dhéanamh
gan stró ar bith.

pushy stróinéiseach

pushy person

sárachán

PUSSY

He's pushy.
Is stróinéisí é.

pussy puisín (mná),
gairdín dorcha, boige
mná, an póca fionnaidh,
coinín, an caol clúimh,
an cuan clúimh, an cuan
(dorcha) faoi chlúid

**You can't get any pussy
in these parts.**
Ní féidir fiú blas/boladh
a fháil de phuisín mná
sna bólaí seo.

put

**I hear she puts herself
about.**
Cloisim go mbíonn
iarracht den ghustóg
inti., *(BÁC)* Cloisim go
gcodlaíonn sí timpeall.

**He was put away for a
year.**
Cuireadh i gcarcair ar
feadh bliana é.

(drink) **He can really
put it away.**
Nuair thosaíonn sé ag
taoscadh siar bíonn
cosa folmha air.

**She's only putting it
on.**
Níl sí ach ag ligean
uirthi féin.

QUARTERBACK

**I think he was trying to
put one over on me.**
Ceapaim go raibh sé ag
iarraidh bob a
bhualadh orm.

put-up 1

put-up job
beart caimiléireachta

put up 2

**Either put up or shut
up!**
Bí ann nó bí gann!

putty

He's putty in her hands.
Tá sé ar teaghrán aici.

Q

q.t.

on the q.t.
i ngan fhios

quack *(doctor)* potanálaí

quack remedy
leigheas maide

quarterback 1 *(US)*

**Who is going to
quarterback the
meeting?**
Cé a bheidh i gceannas
ar an gcruinniú?

quarterback 2 *(US)*
The Monday-morning-quarterback always has all the answers. Bíonn gach uile eolas agus réiteach ag an imreoir ar an gclaí.

queen *(effeminate man)*
He's a queen.
Is Síle é.

queer-bashing
They were sent to prison for queer-bashing.
Cuireadh i bpríosún iad mar rinne siad ionsaithe ar homaighnéasaigh.

quick buck *(US)*
Everyone is trying to make a quick buck.
Bíonn gach duine ag iarraidh airgead éasca a dhéanamh

quickie *(fast sex)*
a quickie
tuairteáil thapa *(idir na braillíní)*

quids
Now we're quids in!
Anois táimid ar sheol na braiche!

quim *(vagina)* gibhis

R

rabbit
to rabbit on about something
bheith ag geabaireacht gan stad faoi rud éigin

racket
to kick up a racket
racán mór a thógáil.
I think it's a racket.
Dar liomsa camastaíl atá ann.

radical *(cool, brill)*
That's really radical!
Tá sin go taibhseach!

rag
I felt like a wet rag.
Bhí mé gan spionnadh gan spréachadh.
I wouldn't wear that rag.
Ní chuirfinn an cheirt sin orm féin.

ragamuffin gioblachán

rake 1 réice, *(other spelling)* réic
He's a bit of a rake.
Tá iarracht den réice ann.

RAKE

rake 2
    to rake in the money
    an t-airgead a shluaisteáil
randy adharcach
    I'm randy tonight.
    Tá mé go hadharcach
    anocht.
rap
    I'll have to take the rap!
    Mise a bheidh ag damhsa
    dá dheasca! *(i.e. on the
    end of a rope)*
rat 1 *(inform on)* sceith ar
    He ratted on me.
    Sceith sé ormsa.
rat 2
    **I couldn't give a rat's
    ass!**
    Is cuma sa tóin phollta
    liom é!
ratty
    He's very ratty today.
    Tá seisean go han-
    drisíneach inniu.
raunchy
    raunchy story
    scéal gáirsiúil
    raunchy weekend
    deireadh seachtaine
    graosta
rave-up *(dance)*
    **We had a great rave-up
    last night.**

REDNECK

    Bhí an-oíche ceoil a gus
    óil againn aréir.
raver ragairneálaí
    He's a real raver.
    Is ragairneálaí ceart é.
razor-edge
    **living life on a razor-
    edge**
    ag maireachtáil faoi
    mar a bheifeá ar bhéal
    rásúir
razzle-dazzle *(drinking
binge)*
    **to go on the razzle-
    dazzle**
    dul ar bhabhta ólacháin
razzmatazz
    **the razzmatazz of
    Hollywood**
    taibhseacht Hollywood
readies
    **Have you got the
    readies?**
    An bhfuil ant-airgead ar
    láimh agat?
real
    Is he for real?
    'Bhfuil seisean i ndáiríre?
    Get real!
    Is mithid duit an
    taibhreamh a chur uait!
redneck cábóg

Reilly

> **He has the life of Reilly!**
> Bíonn saol an mhadaidh
> bháin aige! *(BÁC)* Tá saol
> Uí Rathallaigh aige!

rent boy buachaill
aeraíochta - gasúr
óg a ligeann do
homaighnéasaigh a
chorp a úsáid ar phá
le haghaidh dhlúth-
chaidrimh ghnéasaigh.

ride 1 rampaire, rata
(man) **good ride**
rampaire maith

> **She's a good ride!**
> Bíonn sí go maith idir na
> braillíní!

> **There is nothing better
> than a good
> ride.** Níl aon rud níos
> fearr ná rampáil mhaith a
> dhéanamh.

ride 2

> **He rides her.**
> *(BÁC)* Bíonn sé á
> marcaíocht.

right

> **Too right!**
> Ní beag a bhfuil ráite
> agat!, Tusa adúirt é!

> **Right on!** Mo cheol thú!

> **Right on, man!**
> Togha fir!

rinky-dink *(US)*

> **That lecture was really
> rinky-dink.**
> Bhí an léacht sin ina futa
> fata ar fad.

riot

> **They ran riot.** Chuaigh
> siad i bhfiáin., D'ardaigh
> siad callán mór., D'imigh
> siad le scód.

> **She read him the riot
> act.**
> Léigh sí acht na círéibe
> dó.

> *(US)* **She's a riot!**
> Nach mór an chraic í!

riotous

> **riotous behaviour**
> iompar callánach

> **We had a riotous time!**
> Bhí aimsir scléipeach
> againn.

rip-off 1

> **rip-off artist**
> fear gaimbín

rip-off 2

> **His business is
> ripping people off.**
> Gaimbíneachas a bhíonn
> ar siúl aigesean.

What a rip-off!
A leithéid de
ghaimbíneachas!
**He's trying to rip you
off.**
Tá sé ag iarraidh
caimiléireacht a imirt ort.

rise

**He's only trying to get a
rise out of you!**
Níl sé ach ag iarraidh
straidhn a chur ort!

ritzy

Her new flat's very ritzy.
Is ríúil an t-árasán nua
atá aici.

road-hog (US) píoráid an
bhóthair

roasting

She gave him a roasting.
Thug sí íde béil dó.
I got a right roasting!
Tugadh íde béil cheart
domsa.

robbery

It was daylight robbery!
Gadaíocht i lár an lae
ghil a bhí ann!

rock 1

**The party is really
rocking.**
Tá an chóisir faoi lánseol!

rock 2

**between a rock and a
hard thing**
idir dhá thine Bhealtaine

rocks

to get one's rocks off
faoiseamh collaí a bhaint
amach
**He got his rocks off
with her.**
Bhí collaíocht aige léi.
(drink) **on the rocks**
le ciúbanna oighir

rocker

He's off his rocker.
Tá sé imithe le
craobhacha.
He went off his rocker.
D'imigh sé as a
mheabhair.

rod *(penis)* slat, claíomh, bata
feola, todóg, crann. *(see
also:* **prick***)*

roger

**He was a Jolly Roger
type!**
Croí gach uile cuideachta
ea ba an
sórt a bhí ann.
to roger a girl
cailín a phocáil

roll

roll in the hay

ROLLING   **RUB**

tuairteáil san fhéir
I was on a roll.
Bhí an t-ádh ag rith liom.

rolling
She had them rolling in the aisles.
Bhíodar in arraingeacha gáire aici., Chuir sí iad go léir sna trithí ag gáire.
They're rolling in money.
Tá siad ar maos le hairgead.

rollicking
I got a right rollicking.
Tugadh íde na muc agus na madraí dom.

rot
Don't talk rot!
Ná bí ag caint ráiméise.

rotten
He's a rotten speaker.
Mar chainteoir, tá sé go lofa.
Rotten luck!
Nach ortsa an mí-ádh!
rotten weather
aimsir ghránna
rotten job
jab suarach
rotten to the core
lofa go smior
I'm feeling rotten.

Táim i ndeireadh na péice.
rotter suarachán

rough 1
You've got to take the rough with the smooth.
Ní bhíonn rós gan dealg.

rough 2
to have it rough
saol crua bheith agat
at a rough guess
mar bhuille faoi thuairim
He gave me a rough time of it.
Thug sé cíorláil dom.

rough 3
They roughed him up.
Thug siad rúscáil dó.
(to cut out the comforts)
We had to rough it.
Bhí orainn dul ar ár n-anó.

rough and tumble
the rough and tumble of life
cora crua an tsaoil

royally
I was royally screwed.
Rinneadh ceirt leithris díom.

rub
They rubbed him out.

RUBBER

Chuir siad cos i bpoll
leis.

rubber rubar, coiscín

to wear a rubber
rubar a chaitheamh

rubbish ráiméis

Don't talk rubbish!
Ná bí ag caint ráiméise!

That's utter rubbish!
Ráiméis amach is amach
é sin!

That was a rubbish film!
Ní raibh sa scannán
sin ach raiméis/seafóid
cheart!

ruddy dearg

You're a ruddy disgrace!
Is deargnáire thú!

It's a ruddy lie!
Is deargéitheach é!

ruddy nuisance
crá saolta

runner

He did a runner.
Bhain sé na bonnaí as
an áit.

running jump

**He can take a running
jump at himself!**
Is féidir léis feadaíl san
aer!

rust-bucket

You're not thinking

SAD

of taking us out in
that old rust- bucket!
Níl sé ar intinn agat
sinne a thógáil amach
sa seanghliogramán
meirgeach sin!

rusty

**My Irish has gotten a
little rusty now.**
Gaeilge a chodail amuigh
atá agam anois.

S

sack

**Is she any good in the
sack?**
An bhfuil sí go maith sa
leaba?

I was given the sack.
Tugadh bata agus bóthar
dom.

(US) **to hit the sack**
dul chun soip

sad

He is sad!
Is truamhéalach an cás é!

What a sad bastard!
Nach truánta an bastard
é!

How sad can you get!

SANDWICH

Nach é an truaínteacht
atá dulta chun ainchinn
ar fad é sin!

**She has really sad taste
in music.**

Is cúis ghoil é an easpa
céille ar fad atá aici
maidir lena roghanna
ceoil.

sandwich

**She's one sandwich
short of a picnic.**

Tá cos léíse i dteach na
ngealt., Ní hí an scilling
iomlán í.

(US) **He wanted to give
me a knuckle sandwich.**

Theastaigh uaidh blaisín
dá dhorn a thabhairt dom.

sap

Poor sap!

An gámaí bocht!

(US) **I'm not playing
the sap for anyone!**

Níl mise chun bheith
i mo cheap milleáin ag
duine ar bith.

sausage

Not a sausage!

Níl fiú oiread na fríde
ann!

You silly sausage!

SCHMUCK

A amadáin na gcluas
fada!

savvy

**Have you no savvy at
all?**

Nach bhfuil aon chiall
agat?

a savvy woman

bean eolach ar bhealaí an
tsaoil

scabby

**It was a scabby thing
to do.**

Ba shuarach a rud é a
dhéanamh.

scanky

It was a scanky dress!

B'urghránna é mar
ghúna!

scaredy-cat

He's a scaredy-cat!

Tá an chré bhuí ann.

scarper

He scarpered.

Bhain sé na bonnaí as
an áit., D'imigh sé de
sciotán., Sciurd sé chun
bealaigh.

schizo

He's a schizo!

Is scitsifréineach é!

schmuck gamal

SCOFF

(US) **I think he's a right schmuck!**

Ceapaim gur gamal ceart é!

scoff

She scoffed at the whole idea.

Rinne sí beag is fiú den smaoineamh iomlán.

scoot! Gread leat!

scorcher

Today was a real scorcher!

Ba scallta an lá é inniu!

score

What's the score?

Cad tá ag tarlú?

He knows the score. He didn't do his homework, so it's detention.

Tá fios an scéil go maith ar eolas aige. Ní dhearna sé an obair bhaile agus ciallaíonn sin go gcoinneofar isteach é.

scrap

to get into a scrap with him

dul in adharca leis

The two of them were in a scrap.

Bhí a bheirt acu in

SCREW

adharca a chéile.

He was always getting into scraps.

Bhíodh sé ag troid is ag bruíon i gcónaí.

scratch

to start from scratch again

tosú ón scríoblíne arís

if he doesn't come up to scratch

mura gcruthaíonn sé go maith

scream

She's a scream!

Bhainfeadh sí gáire as an gcat!

screw 1

He has a screw loose.

Is duine le Dia é., Tá lúb ar lár ann.

He wants a screw.

Tá gnéas uaidh., Tá sé go hadharcach.

She's a screw.

Is bodóinseach í.

They put the screws on him.

Chuir siad faoi luí na bíse é.

screw 2

I was rightly screwed.

Ba thubaisteach an

99

bhail a cuireadh orm.

I wanted to screw her.

Theastaigh uaim fad dem
shlat a thabhairt di.

Screw you!

Go bhfeisí an diabhal
thú!

**(US) Don't screw
around or you'll be
fired!**

Cuir uair an
phleidhcíocht nó
tabharfar an bóthar duit!

**(US) You've really
screwed things up this
time!** Rinne tú ciseach
cheart de gach uile shórt
an uair seo!

screw-up

**(US) It was a complete
screw-up!**

Rinneadh praiseach
iomlán de.

screwy ait, craiceáilte

screwy idea

smaoineamh craiceáilte

scrub (US) duine gan
mhaith

scrubber gáirseach

She's a scrubber.

Is gáirseach í.

scrummy bagánta, neamúil

scum screamh

the scum of the earth

screamh an tsaoil seo

scum-bag mála screimhe

He's a scum-bag!

Mála screimhe é!

scum-bucket buicéad
screimhe

He's a scum-bucket.

Screamh suarach na
sráide é.

scummy screamhach

**It was a scummy thing
to do.**

Ba screamhach an rud é
sin a dhéanamh.

search

Search me! Ná féach
ormsa!,
Ná bí ag féachaint ormsa!

sec

Wait a sec!

Fan soic!

serious

to make serious money
airgead mór a dhéanamh

You can't be serious!

An ag magadh atá tú?!

**We did some serious
drinking last night.**

Rinneamar taoscadh
fada/diúgaireacht mhór
aréir., Bhí muid ag
taoscadh siar amach go

SERIOUSLY   SHAG

maith san oíche aréir.
seriously
  She is seriously stupid.
  Tá an bhómántacht thar
  cailc ar fad inti!
  He is seriously sexy.
  Is é an gnéas ina
  sheasamh é!
set
  It set me back $90.
  Bhain sin siar nócha
  dollar mé.
set-up
  It was a strange set-up.
  B'aisteach an socrú a bhí
  ann.
  It was a set-up.
  Ba chluain é.
sex gnéas, suirí, leathar
  sex-kitten
  puisín suirí
  to have sex
  suirí a dhéanamh
  **Did you have sex last
  night?**
  An bhfuair tú an
  craiceann aréir?
  **He's only ever interested
  in sex.**
  Ní bhíonn i gceist
  choíche aige siúd ach
  cúrsaí leathair.
  sexpot

  He's a sexpot.
  Is bodmhadra é.
  She is a sexpot.
  Is bodóinseach í.
sex-shop sex-siopa
sex-starved
  He's sex-starved.
  Easnamh gnéis a bhíonn
  air.
  She looks sex-starved.
  Tá cosúlacht de
  bhrocaire faoi adhall
  uirthi.
shack up
  **He has shacked up with
  her.**
  Tá sé dulta i dtíos léi.
  shacked up together
  i gcomhthíos lena
  chéile
shades
  **Where did you get the
  shades?**
  Cá bhfuair tú na gloiní
  gréine?
shafted
  I got shafted.
  Chuaigh mé sa dol.
shag
  She's a good shag.
  Is breá sa diallait léi.
  to have a shag
  dul sa diallait

shakes

> **I'll be there in two shakes of a lamb's tail!** Beidh mé ann sula mbeidh 'Dia le m'anam' ráite agat!

> **He's really no great shakes!** Ní chuirfeadh seisean fiú an citeal ag gol!, Ní fiú mórán é!

sharpish

> **Look sharpish!** Cuir dlús leis!

shebang

> **and the whole shebang** agus na mangaisíní go léir

shift

> **to shift a girl** fáiméad a thabhairt do chailín, cailín a phógadh

shifty

> **He's a shifty looking character.** Tá cuma den chluanaire lúbach air.

> **shifty eyes** súile corracha

shiner

> **She gave him a shiner.** D'fhág sí a mhala ar a shúil aige.

shit cac, cacamas

> **No shit!** Gan aon chac! Gan aon mise tusa agus an cacamas!

> **He's a shit!** Is gob i gcac é!

> **He takes no shit!** Ní chuireann sé suas le cacamas ó éinne!

> **I don't give a shit!** Is cuma sa tóin liomsa!

> **They treated me like shit.** Chaith siad liom mar phíosa cacamais.

> **up shit creek without a paddle** suas crompán an chacamais gan chéasla

> **Shit happens!** Chomh fhad an chraic, tagann an cac! *(play on proverb: Chomh fhad an oíche, tig an lá.)*

> **He's a little shit.** Nach é an goibín cacamais é., Is píosa cacamais é., Is cac ar oineach é.

> **I don't need this shit!** Ní gá domsa cur suas lena leithéid de

SHITE

chacamas!

Different place, same shit!
Áit eile (ach) cacamas
céanna!

I feel like shit today.
Táim ag aireachtáil mar
chac inniu.

I was shit scared.
Bhí buinneach orm le
teann eagla.

shite cacamas

That's load of shite.
Is carn cacamais é sin go
léir.

Don't talk shite!
Ná bí ag caint cacamais!

I don't give a shite!
Is cuma sa tóin liomsa!

Isn't he such a shite!
Nach é an suarachán is
ísle é!

shite-hawk cúlaí cacamais

He's an absolute shite-hawk.
Is cúlaí cacamais
críochnaithe é.

shitless

I was scared shitless.
Chalc an cac ionam
le scéin.

shitload

a whole shitload of trouble

SHOT

carn cacamais de thrioblóid

shit-stirrer

He's a real shit-stirrer.
Cothaitheoir an
chacamais é!

shitty

**It was shitty weather
and it rained all the
time.** Bhí sé ina chac
báistí an t-am ar fad.

shitty thing
píosa cacamais

shitty work
cacamas oibre

shoot

(US) **to shoot the breeze**
bheith ag gaotaireacht

shoot-'em-up scannán
lámhachais

shoot up *(to take a
narcotic)* druga a
chaitheamh

shot

He did it like a shot.
Rinne sé é mar a bheadh
splanc ann.

a shot in the dark buile
faoi thuairim

He's a big shot. Is boc
mór é.

I'll have a shot at it.
Féachfaidh mé mo lámh
leis.

shotgun wedding
> **He had a shotgun wedding.** Máirseáladh chun na haltóra é faoi bhéal gunna.

shout
> **It's my shout!** Ormsa an deoch seo!

shove
> **Shove off!** Tóg ortsa!

show
> **He made a show of himself.** Rinne sé sceith béil de féin., Rinne sé feic de féin.
> **Don't make a show of yourself!** Ná déan feic díot féin!

shut
> **Shut your face!** Dún do ghob!
> **Shut the front door!** *(euphemism for: Shut the fuck up!)* Dún do bhéal suas!

shut-eye
> **to get a bit of shut-eye** spuaic codlata a fháil

shyster slíbhín, calaoiseoir gan trua ar bith
> **He is a real shyster that lawyer.**

Is slíbhín cruthanta an dlíodóir sin!

sick
> **I'm sick to death of it.** Táim bréan dóite de.
> **It makes me sick.** Cuireann sé masmas orm.

sick joke greann déisteanach, cleas suarach

sight
> **I can't stand the sight of him.** Ní lú orm an sioc ná é!
> **You're a sight for sore eyes!** Is tusa an eorna nua thú!
> **What a sight you are!** Nach tusa an feic!
> **Out of my sight!** Fág mo radharc!

sissy cábún, piteog
> **Don't be a sissy!** Ná bí i do chábún!
> **It was a real sissy thing to do.** Ba é an rud a dhéanfadh piteog cheart.

six-pack
> **He's got a great**

six- pack! Nach teann
tréan iad na matáin
bhoilg atá air!

sixty-nine
Lets do a sixty-nine!
Déanaimis seasca naoi!
*(suíomh áirithe na gcorp le
linn caidrimh chollaí)*

skinful
She's had a skinful.
Tá lán a boilg ólta aici.
**He had a skinful last
night.**
D'ól sé an cába Chríost
aréir.

skinflint cníopaire
He's a skinflint!
Is cníopaire é!

skint
I'm skint.
Níl pingin rua agam.

skirt
a bit of skirt
píosa den sciorta
**He's always looking for
a bit of skirt!**
Bíonn sé i gcónaí ar lorg
sciorta éigin!

skive 1
**skiving off from
school**
ag éalú ón scoil

skive 2
**Do Home Economics...
it's such a skive!**
Déan Eacnamaíocht
Bhaile/Tíos – is bua
gan dua é!

skivvy bean *(i mbun)*
scuaibe

slack scóip chun gníomhú
**Cut me some slack
here!**
Lig díom beagáinín beag!

slacker leiciméir, slúiste,
sloitheán
Seán is a slacker!
Is loiciméir é Seán!

slag 1
**He's always slagging
me.**
Déanann sé fonóid fúm
i gcónaí.
I was only slagging!
Ní raibh mé ach ag
déanamh fonóide.
**She was slagging off our
band.**
Bhí sí ag déanamh ceap
magaidh dár mbanna.

slag 2 focal fonóide

slagger
He's an awful slagger!
Is uafásach an
fonóideach é!

slaggers lucht fonóide

slammer
  five years in the slammer
  cúig bliana faoi chacht/i gcarcair

slanging match
  having a slanging match with one another bheith ag caitheamh eascainí lena chéile

slapper rálach, raiteog
  She's a right slapper!
  Is 'codlaím-le-cách' ceart í.

slash
  I have to have a slash.
  Caithfead an féar a fhliuchadh.

slate 1
  He has a slate loose.
  Tá boc mearaí air.
  to start with a clean slate
  tosú as an nua

slate 2
  She slated them in her article.
  Thug sí feannadóireacht dóibh ina halt.

slating
  They gave her a fierce slating in the press.

Tugadh feannadh fíochmhar di sna nuachtáin.

slaughtered
  Our team was *(totally)* **slaughtered.**
  Rinneadh eirleach *(iomlán)* ar ár bhfoireann.

sleaze-ball/-bucket
  He's a real sleaze-ball!
  Is slíbhín ceart é!

sleep
  She sleeps around.
  (BÁC) Codlaíonn sí timpeall.
  At least I can sleep easy at night.
  Ar a laghad ní bhíonn aon scrupaill choinsiasa ormsa.
  My foot has gone to sleep.
  Tá grifín i mo chois.

slime-ball
  What a slime-ball!
  A leithéid de ramallae!

slog
  I was slogging for the exam.
  Bhí mé ag fadhbáil don scrúdú.

SLOGGER

slogger
> He's a slogger.
> Is fadhbálaí é.

sloshed
> **to be sloshed**
> bheith báite san ól

slug
> **to take a slug out of a bottle**
> slog a bhaint as buidéal
> **to have slug of whiskey**
> slog den uisce beatha a ól

slut giobóg, leadhb
> She's a slut!
> Is giobóg/leadhb í!

smacker *(big kiss)*
> He gave her a smacker.
> Thug sé fáiméad di.

smart-alec/-ass cílí
> He's such a smart ass!
> Síleann seisean gurb
> as a thóin féin a thagann
> gach uile eolas saolta!

smash
> **smash hits of the nineties**
> scoth den cheol ó na nóchaidí

smashed
> *(US)* He was smashed last night *(drunk)*
> Bhí sé ar maos leis an ól aréir.

SNAZZY

smasher
> She's a real smasher!
> Is mór an chuid súl í!

smashing
> **We had smashing holidays!**
> Bhí laethanta saoire thar barr ar fad againn!
> **Smashing!**
> Ar fheabhas!
> **I had a smashing time in Paris.**
> Bhí tamall den scoth agam i bPáras.

smoke
> **There's no smoke without fire!**
> Áit a mbíonn an toit bíonn an tine!
> **to have a smoke**
> toitín a chaitheamh

smooch
> **They were smooching in corridor.**
> Bhí siad ag lapaireacht a chéile sa dorchla.

snazzy snasta, spiagaí
> It's a snazzy garden.
> Is snasta an gairdín é!
> **snazzy style**
> stíl spiagaí
> **That's a snazzy jacket you've got there.**

SNEAK   **SOD**

Is galánta an seaicéad atá
agat ansin!

sneak snámhaí, slíbhín

snitch 1 *(informer)* sceithire
He's a snitch.
Is sceithire é.

snitch 2
**It was a snitch at the
price!**
Ba mhór an margadh a
bhí ann ar a leithéid
de phraghas!

snog
**to have a snog with a
boy**
dreas suirí a dhéanamh le
buachaill

snooker
**If he doesn't turn up
we're snookered!**
Mura dtugann sé a
aghaidh anseo tá ár
gcnaipe déanta!

snot-rag ceirt shróine

snotty teanntónach
snotty-nosed person
smugachán
snotty reply
freagra teanntónach
Isn't he very snotty!
Nach gceapann seisean
an dúrud de féin!
She was very snotty

with everyone.
Bhí sí go teanntónach le
cách.

snuff *(die)*
He snuffed it.
Smiog sé.

snuff movie scannán
pornagrafaíochta ina
maraítear duine i ndáiríre

soak
**I was soaked to the
skin.**
Bhí mé fliuch báite go
craiceann.

sock
**I socked him one in the
face.**
Thug mé greadóg san
aghaidh dó.
Sock it to me baby!
Tabhair dom blas den
stuif is fearr agat!

sod 1
The poor sod!
An créatúr bocht!
It's a sod-awful job!
Is jab chúl tóna é!
We got sod all to eat!
Níor tugadh fiú
oiread na fríde le hithe
dúinn!

sod
Sod off!

Gread leat!, Déan
tochailt i do
thóin féin!

sodding

**I don't sodding (well)
know!**

Ní fios sa tóin domsa!

**Get that sodding stuff
out of here!**

Bain an cacamas sin go
léir as an áit!

softy

Your dad's a real softy!

Is bogán ceart é do
dhaid!

some

Some hope!

Aislingí na súl oscailte
é sin!

**That was some party at
your house last
night!** Ba bhreá an
scoraíocht i do theachsa
aréir!

That's some dick he has!

A leithéid de bhod atá ar
luascadh faoi!

Some friend you are!

Le cairde mar tusa ní
bheadh namhaid de
dhíth orm!

something

This place is

something else!

Chaithfeá an áit seo a
fheiceáil!

He is something else!

Ní fhéadfá a leithéid a
shamhlú *(dúit féin
gan é a fheiceáil)*!

son of a bitch

mac an mhadaidh sráide

**I don't give a fuck what
that son of a
bitch says!** Is cuma sa
toll feisithe liomsa cad a
déarfadh mac a'
mhadaidh sráide sin!

**He's a real son of a
bitch!**

Mac madaidh sráide go
smior é!

son of a gun

**How are you keeping,
you old son of a gun!**

Conas atá cúrsaí ag
gabháil leat, a mhic- ó!

sorry ass tóin tinn *(After
a feminine, the
adjective should be
'**thinn**' – the séimhiú
is omitted following
'**tóin**' because after
the dental '**n**', the
word '**tinn**' sounds
more correct to the*

Gaelic ear.)

Get your sorry ass over here!
Tabhair anseo do thóin tinn!

That sorry ass is going to pay dearly for what he said! Íocfaidh an tóin tinn úd go daor as a ndúirt sé!

sorted *(BÁC)* sórtáilte
Everything is sorted!
Tá gach uile rud curtha i gceart anois!

If I get my money on Monday I'm sorted!
Má fhaighim mo chuid airgid ar an Luan beidh mé ar muin na muice!

sound
Brian is a sound man!
Is fear fónta é Brian!

soup
in the soup
san fhaopach

sourpuss
He's a awful old sourpuss!
Is uafásach an púiceach é!

sozzled
He was absolutely sozzled.
Bhí sé ar maos ar fad

san ól.

spaced out
to be spaced out
bheith faoi anáil throm na ndrugaí

He was spaced out on cocaine at the party.
Bhí sé i dtámhshuan cócaoin agus é ag an chóisir.

spa glincín, geosadán, craiceálaí *(The abbreviation of 'spastic' in Gaelic is: 'spasmach'. However, people with physical disabilities, except for some rare exceptions, are considered to be set apart by God – hence such words are rarely used as insults)*
He's a spa!
Is glincín é!

spare
What a spare!
A leithéid de ghliogaire!

She drove me spare.
Chúir sí thar bharr mo chéille mé.

spastic spasmach
(see: spa)

speed
Are you up to speed

with the latest in the fashion world? 'Bhfuil tú suas chun dáta le cúrsaí i ndomhan an fhaisin na laethanta seo?

spew

He spewed his guts out! Chuir sé amach a raibh ina bholg aige.

spick and span

He was spick and span. Bhí sé pioctha bearrtha.

spike

He spiked her drink. Thug sé cógas suain ina deoch di.

spill

to spill the beans an rún a sceitheadh

He spilled his guts on the floor. Sceith sé ar an urlár.

spit

Spit it out! Abair amach é!

splash

to splash out on a party airgead mór a stealladh amach ar chóisir

She made a big splash in New York. Ní raibh i ngob na daoine ach í féin i

Nua Eabhrach.

He was splashing money about. Bhí sé ag sluaisteáil airgid amach ar gach uile shórt.

split

I split my sides laughing. Bhí mé lúbtha ag an gháire.

Let's split! Bainimis as!

spondulicks (money) (from Gaelic: **sponc** + **diúlaigh.** The idea being that producing sperm is like making money.)

Have you got the spondulicks? An mbeadh na spondiúlaigh agat?

sponger súmaire

spook

(US) **I was spooked by the sounds in the woods.** Chuir fuaimeanna na coille aduantas orm.

spooky taibhsiúil, aduain

It's very spooky there at night. Bíonn sé go taibhsiúil

SPOON FEED

ann san oíche.

spoon feed

to spoon feed him the answers

freagraí réamhdhéanta a thabhairt ar mhias dó

He spoon feeds his pupils.

Déanann sé peataireacht ar a chuid daltaí.

spot on

Your answer was spot on!

Leag tú do mhéar go díreach air i do fhreagra!

Spot on!

Go díreach mar atá!

spout

He's always spouting on about religion. Bíonn sé i gcónaí ina chaise shíoraí faoin reiligiún.

spring

He's no spring chicken.

Tá na géaráin (*canine teeth*) curtha go maith aige.

spud práta

square

Be there or be square!

Bí ann nó bí gann!

squeal

STICK

to squeal on a person

sceitheadh ar dhuine

squealer sceithire

squeeze

to put the squeeze on him

brú a chur air

squirt

He's a little squirt.

Is boicín é!

starkers lomnocht

stash

The thieves hid their stash under the floor.

Chuir na gadaithe a gcreach i bhfolach faoin urlár.

steamy anghrách

It was a steamy tale of passion.

B'anghrách paiseanta an scéal é.

stick 1

I got a lot of stick because of that.

Fuaireas mo chionsa den tslat dá dheasca sin.

stick 2

I can't stick him.

Ní thig liom broic leis.

You know where you can stick your money!

STICKLER

Is eol duit cár féidir
leat do chuid airgid a
shacadh!

I can't stick the heat.
Ní féidir liom an teas a
sheasamh.

**If he could only stick at
the work.**
Dá bhféadfadh sé gan
loiceadh roimh an
obair.

stickler

**He' s a stickler for good
manners.**
Ní fhulaingíonn sé
drochbhéasa i nduine
ar bith.

sticky

He has sticky fingers.
Bíonn sé go
luathméarach.

**I had a sticky ten
minutes.**
Chaith mé deich
nóiméad idir an dá
thine Bhealtaine.

**He came to a sticky
end.**
Ba bhocht cruálach an
chríoch a bhí leis-sean.

stiff

**What will we do with
the stiff, Boss?**

STINKING

Cad a dhéanfaimid leis
an gcorpán, a shaoiste?

stiffy

**I get a stiffy whenever
I see her.** Bíonn adharc
crua orm uair ar bith a
bhfeicim í.

**He's a bit of a stiffy at
parties.**
Is duarcán é ag cóisir ar
bith.

stink 1

**to kick up an awful
stink**
racán uafásach thógáil

stink 2

(US) **The whole
business stinks.**
Bíonn boladh bréan lofa
ón ghnó uile

stinker bréantachán

What a stinker!
A leithéid de
bhréantachán!

**to write a stinker of a
letter**
litir scallta a scríobh

stinking

She is stinking rich.
Tá sí lofa le hairgead.

**It was a stinking thing
to do.**
Ba shuarach an cleas é!

stitches 1
> **I was in stitches.**
> Bhí mé lúbtha ag an
> gháire., Is beag nár thit
> an t-anam asam leis
> an gháire., Bhí mé in
> arraingeacha ag gáire.

stitch 2
> **He was stitched up.**
> Cuireadh coir ina leith
> go héagórach.

stomach
> **I can't stomach it.**
> Níl sé de ghoile ionam
> lena leithéid.

stoned
> **He was stoned.**
> Bhí sé ar shiúl sa
> chloigeann ar dhrugaí.

stony-broke
> **I'm stony-broke.** Táim
> ar phócaí folmha.,
> Níl cianóg rua agam.

stooge sceilpín
> **I'm nobody's stooge!**
> Ní maidrín lathaí ag fear
> ar bith mé!

straight díreach
> **Is he straight or is he gay?**
> An bhfuil suim aige sna
> cailíní nó an (drink)
> bhfuil sé go haerach?
> **to keep on the straight**

> **and narrow**
> fanacht amach ón ól
> **He went straight after**
> **leaving prison.**
> Chuir sé uaidh a bhealaí
> coiriúla nuair
> a ligeadh amach as
> príosún é.

Straight up?
> Gan aon mhagadh?

strapped
> **I'm a bit strapped for**
> **cash lately.**
> Bím ar phócaí folmha le
> tamall beag anuas.

street
> **to be walking the streets**
> bheith ag siúl na
> sráideanna
> **This work would be**
> **right up your street!**
> Seo an saghas oibre atá
> déanta duit!

sreetwalker sráidí
> **She is a streetwalker.**
> Is sráidí í.

streetwise sráidtuisceanach

strength
> **Give me strength!**
> Nár bhrise an fhoighne
> ormsa!

stroppy cantalach
> **She got very stroppy**

STUCK

with everyone.
D'éirigh sí an-
chantalach le cách.

stuck

**I want to get stuck into
a good book.** Teastaíonn
uaim mé féin a bhá go
hiomlán i leabhar maith.
(invitation to eat) **Get
stuck in!**
Déan do ghoile!

stuck-up

He's very stuck-up!
Is mór an smuilceachán
é!

stuck-up brat
smuigín

Don't be so stuck-up!
Ná déan smugachán díot
féin!

They're very stuck- up.
Pór Chlanna Míle iad,
más fíor dóibh féin é!

stud stunaire, balcaire teann

Isn't he a real stud.
Nach breá an stunaire é.

stuff 1

**He's made of the right
stuff.**
Tá sé déanta den stuif
ceart.

That's the stuff!

SUCK

Sin é!, Sin mar ba chóir!

stuff 2

Get stuffed!
Breast thú!

**She was stuffing her
face.**
Bhí sí ag dingeadh bia
isteach inti féin.

You can stuff your job!
Is féidir do jab a chur i
do phíopa!

stumped

I was stumped.
Rinneadh crunca díom.

stung

(US) **I got stung.**
Buaileadh bob orm.

stunner

She's a stunner!
Is aisling í!

suck 1

He's a suck!
Is maidrín lathaí é.

suck 2

**He was sucking up to
the teacher.**
Bhí sé ag líreac ar an
mhúinteoir.

It sucks!
Bréanlach é!

This place sucks!
Is poll bréan é an áit
seo!

sucker
> **He's a sucker!**
> Is plab é
> **He's a sucker for**
> **punishment.**
> Ní luíonn aon bhuille air.

sugar-daddy
> **She has a sugar-daddy.**
> Tá seanleaid saibhir seirce aici.

suss
> **I'd like to suss out the situation first.**
> Ba mhaith liom an talamh a bhrath roimh ré.
> **You've been sussed!**
> Fuarthas glan amach thú!
> **I haven't got it sussed yet.**
> Ní thuigim dubh, bán nó riabhach fós é.

swanky galánta
> **swanky talk**
> caint ghalánta
> **That's a swanky new coat you've got there!**
> Nach galánta an cóta é atá ansin agat!

sweetie-pie
> **How are you keeping, sweetie-pie?**
> Cén chaoi a bhfuil tú, a mhuirnín dílis mo chroí?

swine muclach
> **filthy swine**
> muclach salach
> **You're nothing but a swine!**
> Níl ionatsa ach muclach ganmúineadh!

swipe 1 buille
> **That was a swipe at me.**
> Chugamsa a bhí sin!

swipe 2
> **Who swiped my pen?**
> Cé a sciob mo pheann orm?

swot 1 tiarálaí
> **He's a swot.**
> Is tiarálaí é.

swot 2 tiaráil
> **He's swotting up for the exams.**
> Bíonn sé ag tiaráil os cionn na leabhar i gcomhair na scrúduithe.

T

ta
> **Ta!**
> Gura míle!

tab
> **She's keeping tabs on**

him.

Bíonn sí san airdeall air.

table

She could drink you under the table!

D'fhéadfadh sí tusa a ól faoin bhord!

Now that the tables are turned!

(BÁC) Anois ó tá an bhróg ar an chos eile!

She turned the tables on him.

Thug sí cor in aghaidh an chaim dó.

He laid his cards on the table.

Chuir sé an t-iomlán amach ar a bhois.

tad

It's a tad cold today.

Tá sé pas beag fuar inniu.

He's a tad too old.

Tá sé ábhairín beag ró-aosta.

take

He was on the take.

Bhí lámh leis sa scipéad.

take-off

He did a exact take-off of the headmaster.

Rinne sé aithris chruinn ar an ardmháistir.

take out

They took him out.

Chuir siad cos i bpoll leis., Rinne siad fód fuar de.

tale

old wives' tale

comhrá cailleach

to tell tales

scéalta a iompar

talent

He was checking out the local talent.

Bhí sé ag déanamh amach cérbh iad na cailíní fiúntacha sa cheantar ina raibh sé.

talk 1

Talk about luck!

Ní ádh go dtí é!

He likes to talk big.

Bíonn an focal mór ina bhéal i gcónaí aige.

Now you're talking!

Anois tá tú ag caint!

You can't talk!

An pota ag aor ar an gciteal!

talk 2

He's all talk!

Níl aige ach an focal mór!

It's only talk!

TANK

Níl ann ach caint!

tank

He's built like a tank.
Is cliobaire teann é.

tap

tap of work
oiread na fríde den obair
**He didn't do a tap while
he was here.**
Ní dhearna sé fiú oiread
na fríde nuair a bhí sé
anseo.

tart 1 raiteog
She's a bit of a tart.
Bíonn iarracht bheag
de Bhrídín na sráide
(poiblí) inti.

tart 2

**She likes to tart herself
up.**
Is breá léi í féin a
phointeáil suas mar
raiteog.

tarty

tarty behaviour
iompar raiteoige

teeth

**I'm sick to the teeth
of it.**
Tá lán mo dhá chluas
cloiste agam de.
armed to the teeth
armáilte go dtí na cluasa

THICK

**She fought it tooth and
nail.**
Throid sí ina aghaidh
lena raibh ina corp.

tell-tale 1 scéalaí

tell-tale 2

tell-tale signs
comharthaí inléite

there

There, there now!
Seo anois! Ná bí do do
chrá!
There you have it!
Sin agat é!
**Been there, done that,
bought the T-shirt!**
Bhíos ansin, rinneas a
rinn', is an T-léine
ceannaí' agam ó shin!

thick 1

to be in the thick of it
bheith i gceartlár na
bruíne
**He stood by her
through thick and
thin.** Sheas sé léi mín
agus garbh., D'fhan sé
léi trí uisce, thine agus
chath.

thick 2

That's a bit thick!
Tá sin ag dul thar fóir!
to lay it on thick

áibhéal a dhéanamh

to be as thick as thieves
bheith ag ithe as béal a
chéile

**Can't you get it into
your thick skull yet!**
Nach féidir leat fós an
oiread beag sin a
thuiscint le do
chloigeann adhmaid!

thing

(dislikes) **He has a thing
about that!**
Sin an áit a ngoilleann an
bhróg air.

(likes) **She has a thing
about black men.**
Bíonn dáimh aici le fear
gorm ar bith.

**He's got this real thing
about people lying to
him!** Ní lú air ná an sioc
nuair a insíonn daoine
bréaga dó.

thingamy-bob Mac Uí
Rudaí, Tadhg Ó Rodaí

**I was talking to Mr
thingamy-bob.**
Bhí mé ag caint le Mac
Uí Rudaí.

thingamy-jig, thingy
**What's that thingamy-
jig over there?**

Cad é an rud sin eile
thall ansin?

third degree

**I don't want to get the
third degree every time
I'm five minutes late!** Ní
theastaíonn *'ardú claímh
is creachadh crua'* uaim
gach uile uair a bhím
cúig nóiméad déanach!

**We were given the third
degree.**
Tugadh léasadh teanga
dúinn.

thrashing

**We were given a
good thrashing at
last Saturday's game.**
Tugadh leadradh maith
dúinn ag an gcluiche Dé
Sathairn seo caite.

throat

**They were always at
each other's throats.**
Bhídís i gcónaí le greim
scoraí acu ar a chéile.

cutting your own throat
ag milleadh fút féin

throw

**It made me want to
throw up.**
Chuir sé fonn urlacain
orm.

THROW-AWAY

throw-away

> **throw-away remark**
> seachfhocal, focal gan aird

tick 1

> **Hang on a tick!**
> Fan soic!

> **I'll be there in two ticks.**
> Beidh mé ann i gceann leathnóiméid.

tick 2

> **He ticked me off for being late with the work.** Thug sé fios mo bhéasa dom ó bhíos déanach leis an obair.

ticker

> **The old ticker is bit dodgy.**
> Is ar éigean a bhíonn an sean-chlog i mo chliabh ag bualadh.

ticket

> **That's the ticket!**
> Sin é an stuif ceart!

> **She's a real ticket!**
> Nach mór an spórt í!

tight-arsed

> **Don't be so tight-arsed!**
> Ná bí chomh teanntónach sin!

tight-fisted greamastúil

TO DIE FOR

> **He's as tight-fisted as they come.**
> Tá airgead a chéad chomaoine aige fós!

time

> **He did time.**
> Chaith sé tamall faoi ghlas., Chaith sé seal gan cead a chos (*ná cead a chinn*) aige.

tinkle

> **Give us a tinkle!**
> Tabhair scairt (*teileafóin*) dom!

tipsy súgach

> **He was a little tipsy.**
> Bhí an braoinín istigh aige.

tit cíoch

> **She has a nice pair of tits!**
> Is breá iad na cíocha atá uirthi!

> **He gets on my tits!**
> Baineann sé fiuchadh (*feirge*) asam.

titty cíchín

toast

> **I'm as warm as toast.**
> Tá mé chomh te teolaí le tósta.

to die for

> **It was a dress to die for!**

TOFFEE

Dhíolfá d'anam ar son a
leithéid de ghúna!

toffee

She can't sing for toffee!
Níl nóta ina ceann!

He can't ride for toffee.
Ní fhéadfadh sé
marcaíocht a dhéanamh
chun a anam féin a
shábháil.

toffee-nosed

He's very toffee-nosed.
Bíonn geanc air i gcónaí.,
Bíonn sé de shíor ag
breathnú anuas ar
dhaoine eile.

together

Try to get it together!
Déan iarracht guaim a
choinneáil ort féin.

(US) **He can't get it
together!**
Níl sé incurtha leis.

Tom, Dick and Harry

**I don't want every
Tom, Dick and Harry
prancing across my
garden!**
Ní theastaíonn uaim
go mbeadh gach uile
dhailtín ag pramsáil
trasna mo ghairdín!

She sleeps with every

TOSS

Tom, Dick and Harry.
Codlaíonn sí le gach
mac máthar Dé (is gach
madra a thagann ar
strae).

tool 1 *(penis)* feac, sleá, bod
(see also: **prick***); (person)*
tuathal, tuathalán, geoiste

tool 2

(US) **Stop all your
tooling about!**
Éirigh as do chuid
tuathalachta go léir!

tops

$90 tops!
Costas de nócha dollar ar
a mhéad!

topsy-turvy

**Every thing was topsy-
turvy.**
Bhí gach uile shórt ina
chíor thuathail.

tosh

That's a load of tosh!
Níl ansin ach brilléis!

toss

She saw him tossing off.
Chonaic sí é i mbun
lámhadóireachta/ag
caitheamh síl.

toss 1

I don't give a toss.
Is cuma sa diabhal liom!

TOSSER

Who gives a toss?!
Nach cuma don diabhal
é?!

tosser spreas; fidléir boid,
boidfhidléir
He's an absolute tosser.
Is spreas caillte é!
What a tosser!
A leithéid d'fhidléir boid!

toss-pot fidléir boid

totaled
(US) **My car was totaled
in the accident.**
Rinneadh smidiríní de
mo charr sa tionóisc.

touch
Her dad is a soft touch.
Is bogchroíoch ar fad a
hathair maidir le
hairgead póca.

touched
He's touched.
Is duine le Dia é.

tough
He's a tough cookie.
Is doscúch an mac é.
A tough guy, eh?
Fear crua, an ea?

toyboy
He's her toyboy.
Tá seisean ina áilleagáin
suirí aici.

TRASHY

tracks
**It's time to make tracks
home.**
Tá sé in am dúinn
greadadh linn abhaile.

tramp sraoill
She is a tramp.
Is sraoill í.

trap
Shut your trap!
Dún do ghob!
**It's about time you
learned to keep your
trap shut.** Is mithid duit
foghlaim conas cosc/srian
a chur le do theanga!

trash 1
The new film is trash!
Is dramhaíl é an scannán
nua!
She writes trash.
Scríobhann sí brilléis
(bhaoth).
(US) **white trash**
an ghrifisc bhán

trash 2
We were totally trashed.
Rinneadh cosamar ar
fad dínn.

trashy
trashy magazines

irisí truaillí

tree

He was out of his tree.
Bhí sé gan chos faoi ag
an ól.

trendy

**It's a very trendy thing
to do.**
Is é an rud a dhéanann
gach duine faiseanta
inniu.

tricks

How are tricks?
Cén scéal é?

the tricks of the trade
ealaín na ceirde

**He knows a trick or
two.**
Bíonn cleas nó dhó ar
eolas aige siúd.

She turns tricks.
Is i mbun an
mheirdreachais a bhíonn
sise.

trip 1

He's tripping.
Tá sé ar thuras.

trip 2

He's on an ego trip.
Ar a shon féin atá sé.

**She's always on a guilt
trip.**

Bíonn sí cráite de shíor
faoi mhothúcháin
a ciontachta féin.

**He went on a power
trip.**
Rinne an chumhacht
ina gal soip ina cheann.,
D'ardaigh an chumhacht
san intinn é.

trolley

He's off his trolley.
Tá sé ardaithe san intinn.

trots

I had the trots all day.
Bhíos ag rith chun an
leithris an lá ar fad.

try 1

**He was trying it on
with me.**
Bhí sé ag iarraidh
dallamullóg a chur orm.

try 2

Nice try!
Is beag nár éirigh leat!

tubes

**That was $70 down the
tubes!**
B'in seachtó dollar caite
le haill!

turd cac

turf 1

I don't know that turf.

Níl an fód sin ar
m'aithne agam.

turf 2

He was turfed out.
Cartadh amach é.

turkey

Let's talk turkey!
Cuirimis uainn an
mhionchaint!

Who is that turkey?
Cé hé an gailléan sin?

to do cold turkey
turcaí fuar a dhéanamh

turn-off

**I find the bad language
a real turn-off.**
Cuireann an droch-
chaint as go mór dom.

turn-on

**I find women in wet
T-shirts a real turn-
on.** Bím meallta go
mór ag mná in T-léinte
fliucha.

twat

He's such a twat!
Nach mór an gamal é!

twerp *(small)* dailtín

He's a little twerp!
Dailtín é!

twist

**He'd drive you round
the twist.**

Chuirfeadh sé i
dteach na ngealt thú!,
Chaillfeá do chiall leis!

**She went round the
twist.**
Ardaíodh an intinn
uirthi.

**OK! Don't get your
knickers in a twist!**
Ceart go leor! Ná bain do
léine díot!

twit galldúda

**Would you stop being
a twit!**
Nach bhféadfá do chuid
galldúdaíochta
a chur uait!

two-timer

He's a two-timer.
Is Tadhg an dá ghrá é.

tyke graoisín

U

umpteen

**I've told you umpteen
times!**
Nach iomaí uair a dúirt
mé leat é!

uncool

It was a really uncool

UNREAL

USUAL

thing to do!
Ba bheart baoth é a
leithéid a dhéanamh.

unreal
**Unreal! Where did you
hear that?**
Ní féidir! Cár chuala
tú é sin?
That's so unreal!
Ní chreidfeá riamh é!
This place is unreal!
Chaithfeá an áit seo a
fheiceáil!

up
What's up?
Cad tá ar siúl? Cad tá
ar bun?
What's up with him?
Cad tá cearr leis- sean?
Cad tá air?
(US) **two prizes up for
grabs**
dhá dhuais le baint/ le
fáil
**We're going clubbing.
Are you up for it?**
Táimid ag dul ag clubáil.
Cad a deir tú féin?
**He doesn't have very
much up top.**
Níl mórán idir na cluasa
aige siúd.

Up yours!
Feisigh do thóin féin!

uppers
He's on his uppers.
Tá sé sna miotáin.

upstairs
**He hasn't much
upstairs.**
(BÁC) Ní bhíonn mórán
thuas staighre aige.
**to kick a person
upstairs**
duine a ardú i gcéim
chun an chumhacht
atá aige a bhaint de

uptight rite, teannasach
**What's he so uptight
about?**
Cad tá ag déanamh
tinnis dósan?
**She has got so
uptight.**
Tá an riteacht dulta chun
ainchinn ar fad inti.

user
Is he a *(drug)* user?
An úsáideoir drugaí é?

usual
(drink) **Your usual, sir?**
Mar is gnách, a
dhuine uasail?

V

Vamoose! Gread!
veggie veigeatóir
vibes *(US)*
> **I'm getting some good
> vibes from the new
> teacher** Mothaím *(na)*
> dea-chomharthaí ag
> teacht ón mhúinteoir
> nua.
> **This place gives me
> strange vibes.**
> Cuireann an áit seo anáil
> aisteach fúm.

ville
> **Welcome to oldfolks-
> ville!**
> Fáilte romhat/ romhaibh
> go baile na bpinsinéirí!
> **Now we're entering
> Yanky-ville!**
> Agus seo romhainn Baile
> na bPoncán!

W

wacko rámhailleach

> **He's a wacko!**
> Is rámhailleach é!

wacky
> **He does some wacky
> things at times!**
> Is rámhailleach na rudaí
> a dhéanann sé
> ar uaire.
> **She mentioned some
> wacky idea about
> marrying him.** Bhí
> rámhaille a phósta á lua
> aici.

wagon
> *(off drink)* **He's on the
> wagon.**
> Níl sé ag baint dó.
> *(shrew of a woman)* **She's
> a real wagon!**
> Is báirseach cheart í!

walk 1
> **Take a walk!**
> Tóg ort!
> **It was a walk in the
> park!**
> Ba shiúlóid sa pháirc é!

walk 2
> **She walked it.** Níor
> chuir sé stró ar bith
> uirthi lena dhéanamh.

WALL WASTE

wall

He always had off-the-wall ideas about politics.

Bhí sé riamh corr maidir le cúrsaí polaitíochta.

He's an off-the-wall kind of guy.

Is éan corr é.

She drives him up the wall!

(BÁC) Tiomáineann sí suas an balla é!, Cuireann sí dubh mire air, Cuireann sí thairis féin é.

wallop

She gave him a wallop.

Thug sí paltóg dó.

He came down with a wallop.

Thit sé ina phleist.

wally gám, gogaille

What a wally!

A leithéid de ghám!

wank

He was wanking in the toilet.

Bhí sé ag bualadh feola sa leithreas.

to wank a person off

faoiseamh do láimhe a thabhairt do dhuine

wanker buailteoir feola, fidléir boid, boidfhidléir, féintruaillitheoir

He's a wanker!

Is boidfhidléir é!

Don't be such a wanker!

Ná bí i do bhod bacach!

wannabe

She is a Madonna wannabe.

Ní bhíonn uaithi ach Madonna eile a dhéanamh di féin.

war-paint

She put her war-paint on.

Bhí sí pioctha gléasta ó sháil go rinn.

war-path

He's on the war-path today.

Tá sé ar thóir troda inniu.

washed-up caite i gcártaí

She's all washed-up now.

Tá sí caite i gcártaí anois.

wash-out

The play was a wash-out.

Bhí an dráma go léir ina dhomlas.

waste (kill)

They wasted him.

WASTER

Chuir siad luí na bhfód
air.

waster leiciméir
He's a waster!
Is cladhaire díomhaoin é!

watering hole *(pub)*
**Where is the local
watering hole here?**
Cá bhfuil an tobar dí
áitiúil anseo?

way
**Are you coming? – No
way!**
'Bhfuilir ag teacht? –
Baol orm!
No way, José!
Baol orm, bán nó gorm!
They went all the way.
Thug siad an beart chun
críche.
Way to go!
Thar barr ar fad!

way(-)out
**It was a way-out
proposal.**
Ba thairiscint thar cailc
ar fad a bhí ann.
Way out!
Togha!

wee 1
I need to go for a wee.
Caithfidh mé ligean
díom/cnaipe a

WHATEVER

scaoileadh.

wee 2
**Would you like a wee
drink?**
Ar mhaith leat fídeog a
ól?

weed geosadán
He's a little weed.
Is geosadán bídeach é!

weenie
**I was a weenie bit
scared.**
Bhí buille beag den
scanradh orm.

weirdo éan corr
He's a weirdo.
Is aisteach an mac é.

well-hung
He's well-hung.
Tá treallamh capaill faoi.

wet
He's a wet blanket.
Is duarcán é.

whack
I'll have a whack at it.
Féachfaidh mé leis.,
Bainfidh mé triail as.

whacked
I'm whacked!
Níl smeach fágtha ionam!

whatever *(Let's not argue!)*
**Whatever! I'll see you
at ten.**

Cibé ar bith! Feicfead ar
a deich thú.

what for

**She really gave him
what for!**

Thug sí léasadh maith dá
teanga dó.

what's-her/his-face

**I saw what's-her-face
kissing Liam.**

Chonaic mé í siúd féin
eile ag pógadh Liam.

whistle-blower

Fear/bean séidte feadóige

**She was the whistle-
blower.**

Ba ise a chuir fios ar na
húdaráis chuí.

whiz-(kid)

(US) **He's a whiz at
computers.**

Níl a shárú ann maidir le
ríomhairí.

whopper cránaí

**He told me a whopper
of a lie.**

D'inis sé cránaí bréige dom.

whopper of a trout
cránaí bric

**I got a whopper this
time.**

Fuair mé cránaí an uair
seo.

whore 1 striapach

He's a cute whore!

Is gliceadóir gleoite an
mac é!

whore 2

**She whores about at
night.**

Bíonn sí i mbun an
striapachais istoíche.

whorehouse drúthlann

**to work in a
whorehouse**

bheith ag obair i
ndrúthlann

wick

He gets on my wick.

Feidhmíonn sé ar mo
néaróga.

wicked thar insint scéil

wild

**She went wild about the
new furniture.**

Bhí fuadach faoina croí
mar gheall ar an troscán
nua.

**I wouldn't go wild
about it!**

Ní scríobhfainn litir
abhaile faoi!

**Wild horses
wouldn'tdrag it out of
me!**

Dá mbrisfí coill orm ní

sceithfinn é!

willies

It gives me the willies.

Cuireann sé codladh
grífín ó bhaitheas go
bonn orm.

willy *(penis)* fichillín, gasán,
Seán Tomáis

wimp somóg

Don't be a wimp!

Ná bí i do shomóg!

windbag gaothaire,
scaothaire

wind

**Don't mind him! He's
only winding you up.**

Ná bac leis siúd, níl sé
ach do do spocadh.

wind-up

This is a wind-up, right?

Is cleas magaidh é seo,
nach ea?

wino

He became a wino.

D'éirigh sé ina phótaire.

wipe out

to wipe a person out

duine a chur i mbosca
cláir, duine a mharú

**to wipe out
theopposition**

an freasúra a chur ar lár

wise up

**It's time to wise up a
little!**

Is mithid teacht ar
bheagán céille!

wise-guy

Who's the wise-guy?!

Cé hé an fear glic?!

wobbly

**He'll throw a wobbly
when he finds out.**

Beidh sé thar bharr
a chéille nuair a
gheobhaidh sé amach
faoi seo.

work 1

They worked him over.

Thug siad greasáil dó.

works 2

**You can take everything
– the works!**

Is féidir leat gach rud a
thógáil – na mangaisíní
go léir!

worm péist

He is a worm.

Is péist é.

Wow(ee)! A thig ná tit orm!

wrap

**It's time for us to wrap
up!**

Is mithid dúinn cúrsaí a
thabhairt chun críche!

WUSS

Is mithid dúinn cúrsaí a
thabhairt chun críche!
wuss *(sissy)* cábún; *(waster)*
cladhaire

> *(US)* **He's a wuss!**
> Is cábún é!

X

X-rated

> **It was an X-rated
> movie.**
> Ba scannán le deimhniú
> X é.

Y

yack

> **Yack, yack, yack all the
> time!**
> Geab, geab, geab an t-am
> ar fad!

Yank Poncán

> **He's a Yank.**
> Is Poncán é.

yapping

> **I'm sick and tired of
> the constant yapping!**
> Táim bréan dóite den

ZERO

gheabaireacht shíoraí!

yawn

> **It's a yawn.**
> Níl ann ach cúis
> mhéanfaí.

yellow

> **He has a yellow streak.**
> Tá an chré bhuí ann.

yellow-belly

> **He's a yellow-belly!**
> Is cladhaire búidíneach é!

yob staigín

yobo staigín, staincín,

yonks

> **I haven't seen you for
> yonks!**
> Ní fhaca mé thú leis na
> cianta!

Z

zapped

> **I am absolutely zapped.**
> Táim spíonta amach is
> amach.

zero

> **He has zero chance of
> winning.**
> Níl seans dá laghad aige
> buachan.
> **She has zero charm.**

ZERO-TOLERANCE

Ní bhíonn tarraingt ar
bith ag baint léi siúd.
zero-tolerance
neamhfhulaingt ghlan
I have zero-tolerance
**for weeds in my
garden.**
Ní ligfinn riamh do
chogal ar bith lonnú
isteach i mo ghairdínse.